나를 포함해 개혁주의자를 자처하는 사람들이 안고 있던 문제에 대한 해결책을 마침내 이 책이 제시하고 있다. 칼빈주의자들은 늘 나보다 남을 낫게 여기는 겸손한 사람일 수밖에 없다. 모든 것이 은혜로 말미암았기 때문이다. 그러나 현실의 칼빈주의는 그 반대의 양상을 보일 때가 많다. 저자는 지식으로만 아는 헤드 칼빈주의자가 아닌 하트 칼빈주의자가 되어야 한다고 말한다. 이 책은 칼빈주의가 그 자체로 겸손이며, 튤립 교리를 진정으로 믿는다면 겸손한 칼빈주의자가 될 수밖에 없음을 특유의 유머와 세심한 해설을 통해 풀어가고 있다. 제대로 요리하지 않은 설익은 튤립 교리는 하나님과 이웃에게 해를 끼치고 나 자신에게도 영혼의 독으로 작용할 수 있다. 튤립의 향기에 취해 예수님께로 가는 길을 잃어버려서는 안 된다!

고상섭 그사랑교회 담임목사, 『팀 켈러를 읽는 중입니다』 공저자

칼빈주의 신학의 정교함과 탁월함에 매료되어 칼빈주의자임을 자부하는 이들이 꼭 한번 읽어봐야 할 책이다. 칼빈주의의 가장 큰 골칫거리는 우리 같은 칼빈주의자일 것이라는 저자의 말이 정곡을 찌른다. 아름답고 영광스러운 신학이 우리의 미성숙한 인격으로 인해 얼마나 사람들의 거부감과 혐오를 불러일으키는 이미지로 전달되는가! 저자는 교만한 칼빈주의자였던 자신의 과거에서 돌이켜 겸손하고 아름다운 칼빈주의자로 나아가는 여정을 독자들도 함께 걷도록 안내한다. 칼빈주의 5대 교리를, 우리를 교만하고 배타적이게 하기보다 더 겸손하고 포용적이게 하며 그리스도 안의 사랑과 화평과 기쁨으로 충만하게 하는 교리로 새롭게 풀어간다.

박영돈 작은목자들교회 담임목사, 『일그러진 한국 교회의 얼굴』 저자

이 책의 저자 제프 메더스는 소위 칼빈주의 5대 교리의 핵심 가치인 은혜를 깊은 신학적 인식에 기반해 오늘의 문화가 반영된 언어로 세심하게 풀어낸 다음 성경의 가르침으로 정확히 귀결시킨다. 더불어 그 은혜에서 수반된 겸손한 삶의 실존적 완성을 미력한 루터주의나 과도한 알미니안주의에 함몰되지 않는 방식으로 풀어내는 솜씨가 탁월하다. 개혁신학의 핵심 가치를 청중과 더불어 효과적으로 소통할 길을 찾으려는 한국 교회의 설교자들과 신학생들이 더 나은 영감을 발견하길 기대하며 이 책을 추천한다.

유태화 백석대학교 신학대학원 조직신학 교수, 『삼위일체론적 구원론』 저자

G. K. 체스터턴은 "기독교를 대항하는 최고의 논증은 바로 기독교인"이라는 익살스런 (그리고 슬픈) 말을 남겼다. "저 기독교인이 행하는 악을 보라! 이걸 보고도 기독교가 진리라고 말할 수 있는가?"라는 논증이 가능하다는 것이다. 이 논증은 (나 같은) 칼빈주의자에게도 그대로 적용된다. 즉, "칼빈주의를 대항하는 최고의 논증은 바로 칼빈주의자들이다." 하지만 만일 기독교인이 배운 바를 충실히 믿고 살아간다면 위의 논증이 무력화되듯, 칼빈주의자들도 진정 칼빈주의 안에 있는 하나님의 영광을 이해하고 사랑한다면 더할 나위 없이 친절하고 사랑스러운 사람으로 드러날 것이다. 제프 메더스는 칼빈주의자들이 흔히 빠지는 죄악을 익살스럽게 지적하고, 그러한 죄악을 치유할 해결책이 칼빈주의 신학과 그 선배들의 신앙에 있음을 보여 준다. 나는 만일 천국에서 칼빈이 (그리고 스펄전이) 이 글을 읽는다면 박장대소하며 동의할 것이라고 확신한다. 특히 8장의 권면을 자세히 읽어보라. 칼빈주의자들이 그냥 겸손하려고만 드는 것이 아니라 행복하기까지 하다면, 칼빈주의를 입증하는 최고의 논증이 바로 칼빈주의자들이 될 것이다!

이정규 시광교회 담임목사, 『회개를 사랑할 수 있을까?』 저자

웃음보 터지게 하는 개혁주의 책이다. 우리 시대의 분파주의에 경종을 울리는 책이기도 하다. 통통 튀는 문체, 신선한 통찰, 진심에서 우러나오는 자기 성찰이 유쾌하게 조화를 이룬 풍요로운 보고다. 때론 우리 개혁주의자들에 대한 너무도 적나라한 묘사 때문에 저자의 유머는 짜릿한 통증이 수반된 너털웃음을 동반한다.

케빈 밴후저 『제일신학: 하나님, 성경, 해석학, 삼위일체』 저자

당신이 칼빈주의자가 아니라면, 이 책은 당신을 위한 책이다. 혹시 칼빈주의자인가? 그렇더라도, 이 책은 당신을 위한 책이다. 이 책은 진술하면서도 위트 있다. 메더스 목사는 예리한 솜씨로 실제적인 사례를 들어 성경적 칼빈주의, 즉 겸손한 칼빈주의가 우리의 일상에서는 과연 어떤 모습이 되어야 하는지를 똑똑히 보여준다.

도널드 휘트니 『오늘부터, 다시, 기도』 저자

언젠가 다음 세대에선 '겸손한' 칼빈주의'라는 표현이 모순어법처럼 들리지 않게 되길 바란다. 정말 그렇게 된다면, 위로와 도전을 담은 이 책이 하나님의 손에 사용되어 우리가 믿는 바대로 살아가도록 우리에게 도움을 주었기 때문일 것이다.

콜린 한센 가스펠 코울리션 편집장, 『현대 미국 개혁주의 부활』 저자

개혁주의 기독교는 종종 까칠하고 은혜가 부족한 것처럼 알려져 있다. 그러나 개혁주의 구원론은 우리 안에 기쁨과 겸손함을 불러일으켜야 정상이다. 그러는 가운데 모든 사람을 향한 긍휼과 너그러움을 동반하는 복음 증거가 이루어져야 한다. 이 책이 하나님의 손에 붙들려 우리 안에 온유하고 겸손한 영을 새롭게 하는 일에 사용되길 바란다. 또한 아름다운 믿음의 교리를 한때 거부했던 사람들이 다시 그것을 재고하도록 권면하는 좋은 도구로 사용되길 바란다.
매트 챈들러 『불신의 시대를 사는 그리스도인의 용기』 저자

건강한 개혁주의와 은혜의 교리에 엉뚱한 짓을 하지 않고 맛을 내는 방법에 대한 탁월한 책이다. 내가 신학교에 다닐 때 이 책을 읽었더라면 하는 아쉬움이 들 정도다. 이 책은 바른 신학 지식에는 그리스도의 향기가 나는 사랑의 실천이 병행되어야 함을 이야기한다. 그렇지 않다면, 우리는 분명 잘못하고 있는 것이다.
마이클 버드 『하나님은 어떻게 예수가 되셨나』 저자

저자는 우리에게 큰 울림을 주는 이야기를 직설적으로 전하고 있다. 저자 또한 한때는 교만함 넘치는 칼빈주의자였음을 고백한다. 동시에 겸손한 칼빈주의로 향해하는 자신의 새로운 여정을 보여준다. 신학적으로도 매우 유익한 자료를 제공한다.
로레 퍼거슨 윌버트 Handle With Care 저자

칼빈주의자는 겸손하고 행복한 사람이어야 한다. 그러나 안타깝게도 현실은 항상 그렇지 못하다. '젊고 활달하고 개혁적인' 우리가, 너무나 자주 '거만하고 공세적이며 지쳐버리는' 경향이 있다. 메데스 목사는 우리 모두에게 (특히 나 자신에게) 적실한 처방을 제공하면서 큰 위안까지 선물한다.
아드리안 레이놀즈 Teaching Numbers 저자

하나님이 우리를 '하나 됨'으로 부르셨음에도 불구하고, 우리는 각자의 신학적 관점에 따라 스스로 '나뉘는' 것을 너무 자주 허용한다. 이 책을 통해 공감과 이해 그리고 겸손을 외치는 저자의 목소리를 환영한다. 개혁주의 신학에 대한 지지 여부를 떠나, 독자들도 이 책에서 말하는 바를 제대로 이해하고 실천할 수 있길 바란다.
갈렙 칼텐바흐 『세상이 흉내낼 수 없는 기독교』 저자

칼빈주의에 대해 구석구석 알고 있으면서 정작 하나님의 은혜를 세세히 알지 못했던 시절이 있다. 그런 속사정을 글로 표현해 낸다는 건 용기가 필요한 일이다. 그래서 이 책의 가치가 돋보인다. 젊은 개혁주의자인 우리에게 절대적으로 필요한 메시지가 담겨 있고, 그래서 이 책의 출간이 더욱 반갑다. 부디 다른 칼빈주의자들 역시 이 책을 읽고 자신에게서 스스로를 구원해 낼 수 있길 기도한다.

바너버스 파이퍼 『목회자의 자녀로 산다는 것』 저자

당신이 칼빈주의자라면 이 책을 읽어보라. 칼빈주의를 잘 모른다면 이 책을 읽어보라. 당신이 칼빈주의를 싫어한다면, 더욱 이 책을 읽어보라! 이 책을 통해 위로를 받고 기분 좋게 놀라게 될 것을 확신한다. 때맞춰 나온 유익한 책이다. 첫 페이지에서 마지막까지, 이 유쾌한 책은 예수님 안에서 기쁨을 맛볼 수 있도록 나를 이끌었다. 예수님은 우리 믿음의 주요 온전케 하시는 분이다.

스티브 티미스 『교회다움』 저자

이 책을 읽은 후, 나는 비로소 칼빈주의자가 되었고 행복한 그리스도인이 되었음을 확신한다. 마치 의사처럼, 저자는 내가 미처 깨닫지 못했던 영역에서 나의 교만을 진단했고, 이에 대한 유일한 치료제, 곧 영광스러운 은혜의 복음을 처방해 주었다.

매트 보스웰 찬송작가, 텍사스 트레일 교회 목사

이 놀라운 책은, 교리 자체보단 교조주의에 빠진 채, 덕을 세우는 사랑이 아닌 교만함으로 이끄는 지식을 추구하던 우리에게 경종을 울리고 있다. 신선하다는 말은 꺼낼 필요도 없다. 정말 탁월한 책이다.

스캇 솔즈 『예수님처럼 친구가 되어 주라』 저자

나의 경험이 최고의 스승은 아니다. 어느 면에선 다른 사람의 경험이 최고의 스승이 될 수 있다. 같은 값을 지불하지 않고서도 같은 교훈을 배울 수 있기 때문이다. 그렇기에 나는 이 책이 매우 고맙다. 무모하게 험한 길을 지나다 부상당했던 저자는, 우리가 칼빈주의 지뢰밭을 안전하게 헤쳐나갈 수 있도록 기민하게 자신의 지혜를 발휘하면서, 더 깊은 사랑과 겸손으로 안내하고 있다.

존 오누체콰 *Prayer: How Praying Together Shapes the Church* 저자

겸손한 칼빈주의

Humble Calvinism

by Jeff A. Medders

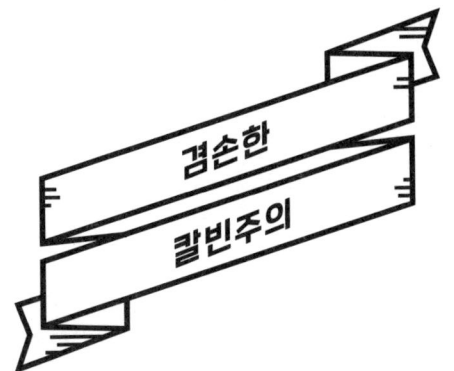

제프 메더스 지음 / **김태형** 옮김

좋은씨앗

Humble Calvinism

Copyright © 2019 by J. A. Medders
Published by:
The Good Book Company
Blenheim House, 1 Blenheim Road
Epson, Surrey KT19 9AP
UNITED KINGDOM

This edition published by arrangement
with The Good Book Company through Wen-Sheuan Sung
All rights reserved.

겸손한 칼빈주의

초판 1쇄 발행 2020년 5월 20일
초판 2쇄 발행 2024년 1월 20일

지은이 제프 메더스
옮긴이 김태형
펴낸이 신은철
펴낸곳 좋은씨앗
출판등록 제4-385호(1999. 12. 21)
주소 서울시 서초구 바우뫼로 156, 402호
주문전화 (02)2057-3041 주문팩스 (02)2057-3042
전자우편 good-seed21@daum.net
페이스북 facebook.com/goodseedbook

ISBN 978-89-5874-397-2 03230

ⓒ 좋은씨앗 2020

이 한국어판의 저작권은 Wen-Sheuan Sung을 통해 The Good Book Company와 독점 계약한
〈좋은씨앗〉에 있습니다. 신저작권법에 의해 한국 내에서 보호받는 저작물이므로
무단 전재와 무단 복제를 금합니다.

나의 사랑하는 전세계 Acts 29 교회 형제자매들에게
우리 모두 겸손하고 행복한 칼빈주의자가 되길 바라며

표지 그림 설명
- ■백조: 체코의 종교개혁자 얀 후스는 가톨릭 교회에 의해 이단 선고를 받고 1415년 7월 6일 화형을 당한다. 목숨이 꺼져가던 순간 후스는 "당신들이 지금 거위 한 마리를 불살라 죽이지만 백년이 되지 않아 백조 한 마리가 나타날 것"이란 예언을 했다고 전해진다. 혹은, 이 말을 그의 순교를 안타까워한 종교재판관 요하네스 자카리우스가 했다고도 한다. 여기서 순교자 후스의 이름을 음역하면 거위가 된다. 놀랍게도 백년 후에 (백조로 일컬어지는) 종교개혁자 루터가 사제 서품을 받은 제단 바로 밑에 요하네스 자카리우스의 무덤이 있었다.
- ■튤립: 칼빈주의 5대 교리의 첫글자를 모으면 튤립(TULIP)이 된다.
- ■하트: 저자는 우리가 지식으로만 아는 칼빈주의자, 즉 헤드 칼빈주의자가 아닌, 가슴 또는 마음으로 아는 칼빈주의자, 즉 하트 칼빈주의자가 되길 요청한다.

차 례

머리말 · · · · · · · · · · · · · · · · · · · 13
1. 칼빈주의의 문제점 · · · · · · · · · · · · · · · 19
〈신학 용어 및 역사에 대한 간략한 설명〉 · · · · 47
2. 모순어법으로 들리는 겸손한 칼빈주의 · · · · 59
3. 전적 의존성 · · · · · · · · · · · · · · · · · 83
4. 선택의 비하인드 스토리 · · · · · · · · · · · 117
5. 아름다운 속죄 · · · · · · · · · · · · · · · 147
6. 거부할 수 없는 부르심 · · · · · · · · · · · · 179
7. 끝까지 붙드시는 아버지 · · · · · · · · · · · 209
8. 겸손하고 행복하라 · · · · · · · · · · · · · 237
맺는 말 · · · · · · · · · · · · · · · · · · · 247
감사의 말 · · · · · · · · · · · · · · · · · · 250
참고문헌 · · · · · · · · · · · · · · · · · · · 252

머리말 : 레이 오틀런드

칼빈주의는 우리를 흥분시킨다. 성경에 대해 새로운 안목을 얻게 하는 하나의 방식으로서, 삶의 모든 실재를 하나님 중심으로 보게 한다는 점에서, 칼빈주의에는 우리를 고취시키는 무언가가 있다. 칼빈, 존 오웬, 조나단 에드워즈, 찰스 스펄전, 메이첸, 마틴 로이드 존스, 프란시스 쉐퍼 등 수많은 영적 거장들의 하나님. 하이델베르크 요리문답, 웨스트민스터 신앙고백서, 그리고 1689년 런던침례교 신앙고백서의 하나님. 과거 여러 신학자와 신앙고백서의 고귀한 표현들을 통해 우리에게 다가오셨던 영광의 하나님은 오늘날 그리스도인들에게 더욱 강권적으로 임하고 계신다. 최근 '개혁주의 신학'Reformed theology이 다시금 환영받고 있다. 어쩌면 칼빈주의자Calvinist가 되기에 적절한 시점이라 하겠다.

그런데 문제는 우리가 잘못 건드렸다가 망치는 것이 한둘이 아니라는 점이다. 칼빈주의 가르침에 관한 것 또한 예외가 아니다. 우리 스스로가 그 사실을 확실하게 입증하고 있다. 솔직히, 우리는 너무나 자주 불필요한 말썽과 분란을 일으키고 만다는 점을 인정해야 한다. 그 방식은 이렇다. 칼빈주의가 우리에게 지적으로 큰 만족감을 주고 심지어 전율하게 할 정도라는 사실 자체가, 아직 '그것을 모르는' 다른 그리스도인들을 대할 때 스스로 우월감을 느끼게 할 수 있다는 것이다. 우리 칼빈주의자들은 사람들에게 우리의 신념을 납득시키려 노력하는데, 그럴 때마다 우리가 그들에게 얼마나 성가신 존재가 되는지에 대해선 무신경할 때가 있다. 칼빈주의 자체는 영광스러운 신학이 맞다. 그러나 그것이 우리의 미성숙한 인격을 통해 전달됨으로써, 결국엔 전혀 영광스럽지 않고 오히려 부담스럽고 불쾌하기까지 한 인상을 남기고 만다는 것이다.

겸손한 알미니안주의자Arminian는 좋은 그리스도인이 될 수 있다. 그러나 스스로 잘난 체하는 칼빈주의자는 좋은 그리스도인이 되기가 어렵고, 따라서 좋은 칼빈주의자도 되기가 어렵다. 성경 전반에서 처음부터 끝까지 변함없는 메시지 가운데 하나가 이렇게 요약되고 있다: "그러므로 일렀으되 하나님이 교만한 자를 물리치시고 겸손한 자에게 은혜를 주신다 하였느니라(약 4:6). 학문적으로 아무리 전문성 있고 정교한 신학이라 하더라도 신학도의 인성에 자아도취, 자화자찬적인 태도를 불러일으키는 신학이라면 결국 사람들에게 해악을 끼치게 될 뿐 아니라 그 신학 자체에도 아무 유익이 되지 못할 것이다. 무엇보다 신학 논쟁의 세세한 부분들은 음미하면서, 자기도 모르는 사이에 정작 예수님에 대해서는 놓치는 경우도 있을 수 있다. 그러다 보면 결국 우리 칼빈주의자들은 교회와 가정과 여러 관계의 이면에 파괴와 상흔을 남기게 된다. 이런 관점에서 본다면, 우리 칼빈주의자들이야말로 아직 '그것을 모르는' 사람들일 수 있다는 것이다.

개혁주의 신학 자체에 잘못이 있다는 게 아니다. 성경에 대해서는 참된 것을 말하고 오직 주님만을 높이는 개혁주의 신학에는 우리 모두를 겸허하게 만드는 놀라운 힘이 있다. 개혁주의 신학은 행복과 기쁨과 열매를 가져다주시는 주님 앞에 겸손히 머리를 숙이게 만든다. 제프 메더스 목사의 『겸손한 칼빈주의』는 바로 그 부분에서 우리 모두에게 유익하다.

이 책은 칼빈주의가 발현해야 하는 겸손함으로 우리를 인도하기 위해 반드시 저술되고 출간되어야 하는 책이다. 정말로 하나님의 크고 위대하심에 비해 우리는 작고 보잘것없다면, 정말로 우리의 아무런 도움 없이 하나님의 크신 능력이 우리를 강권적으로 회복시킬 수 있다면, 정말로 우리가 우리의 구원에 기여할 수 있는 유일한 것은 단지 그 구원의 필요성을 드러내는 우리의 죄밖에 없다면, 정말로 믿음의 모든 여정에서 우리를 지탱할 것은 오직 하나님의 영원한 구원의 뜻과 그것을 이루시는 하나님의 결심밖에 없다면, 정말로 우리 기독교가 인간의 여러 생각들이 아니라 온전히 성경 말씀에 의거한 것이라면, 우리의 공로가 아니라 오직 은혜에 따른 것이라면, 각양의 요구조건들이 아니라 오직 믿음으로 말미암는 것이라면, 우리 자신이 아니라 오직 그리스도의 공로이고 오직 그에게 감사할 것뿐이라면, 오직 하나님의 영광만 드러내는 것이라면, 우리가 스스로를 높이고 자랑할 여지가 과연 있겠는가?

절대 그렇지 않다. 오히려 은혜롭고 자비로우신 영광의 주님 안에 평안히 거하는 마음, 비록 나와는 생각이 다른 그리스도인이라 해도 그들과 화평을 이루고자 하는 마음, 그런 마음이 진정한 칼빈주의자의 마음이라 말할 수 있을 것이다.

찬송가 '나 같은 죄인 살리신'을 쓴 18세기 칼빈주의자 존 뉴턴은 젊은 목회자들에게 다음과 같은 현명한 말을 남겼다. "논쟁에 뛰어든 모든 사람 가운데, 소위 칼빈주의자로 불리는 우리야말로 관용과 중용의 자세를 취해야 한다는 원칙에 가장 명백하게 얽매여 있는 자들이다."

제프 메데스 목사는 이러한 생각을 바르게 이해하고 표현해 냈다. 이 책은 혈기 넘치는 젊은이 같은 신학적 교만에서 출발해 진정한 칼빈주의가 우리에게 요구하는 아름답고 겸손한 신앙으로 나아가는 긴 여정을 서술하고 있다. 메데스 목사 자신도 우리가 걷게 될 그 여정을 앞서 걸었다. 메데스 목사는 푸른 초장, 쉴 만한 물가가 있는 진정한 칼빈주의로, 오직 은혜로 거기까지 인도하심을 받았다. 이 책은 우리도 그곳에 도달할 수 있도록, 거기서 머무르며 쉴 수 있도록 도움을 주는 안내서다. 그곳에서 우리는 영광 가운데 임재하시는 아름다운 주님을 만나뵐 것이다.

칼빈주의자로서, 나는 우리 세대를 여전히 사랑하시는 하나님의 은혜에 대한 여러 반가운 증거들로 말미암아 기뻐하지 않을 수 없다. 복음주의 연합체인 '가스펠 코울리션'The Gospel Coalition, TGC '투게더 포 더 가스펠'Together For The Gospel 교회개척 네트워크인 '액츠 29'Acts 29 및 개혁주의 힙합 음악과 시 등을 예로 들 수 있다.

이제 우리 주께서, 우리 모두에게 최고의 미덕으로, 겸손과 관용과 친절 그리고 자제와 신중함을 더하시며, 마음이 평안한 가운데 서로를 즐거워할 수 있도록 하시길 소망한다. 그러면 우리는 개혁주의 신학을 새롭게 재발견하고, 사람들은 냉랭한 상태에 더이상 머물지 않게 되고, 역사적인 부흥의 단계로까지 나아가게 될 것이다. 이로 말미암아 오직 하나님께만 영광을 돌린다.

레이 오틀런드,
내슈빌 임마누엘 교회

1
칼빈주의의 문제점

칼빈주의의 가장 큰 약점이 무엇이라 생각하는가? 나는 그것이 칼빈주의의 특정 교리도 아니고, 특정 주장도 아니며, 칼빈 자신도 아닐 것이라 생각한다.

아마도 칼빈주의에서 가장 큰 골칫거리를 꼽으라면 우리 같은 칼빈주의자일 것이다.

하나님이 대략 90분 걸리는 천국 투어를 환상으로 보여주신다고 상상해 보자.[1] 그곳에 유니콘 같은 신화 속 동물은 보이지

---

1. 칼빈주의에 관한 책이 이런 황당무계한 이야기로 시작할 것이라곤 예상하지 못했을 것이다. 나 역시 그렇다. 하지만 잠시만 인내해 주기 바란다. 단지 상상 속 이야기일 뿐이지 않은가.

않는다. 누가 존 F. 케네디 대통령을 암살했는지도 알아낼 수 없다. 그러나 당신은 예수님을 만난다. 예수님은 감격에 찬 표정으로 당신을 맞으시며 하늘 아버지의 집과, 주님을 따르는 형제 자매들을 위해 예비해 놓으신 수많은 처소들을 직접 구경시켜 주신다.

당신은 예수님 손에 이끌려 아버지의 집 한켠에 세워진 건물을 지나간다. 시끌벅적한 소리가 들린다. 손뼉 치며 크게 찬양하는 소리가 엄청나다. 30미터 높이로 치솟은 대문이 열려 있고, 당신이 그 앞을 지나는 동안 어린 양의 피로 구속함을 입은 성도들이 손을 흔들며 서로 인사를 나누는 장면이 보인다. 당신은 예수님께 묻는다. "저 안에 무슨 일이 있나요?"

예수님이 대답하신다. "나의 사랑하는 은사주의(오순절) 교회 식구들이 모임을 갖고 있단다."

"아, 그렇군요." 당신은 고개를 돌려 그들을 쳐다보며 말한다. "정말 흥겨워 보이네요." 예수님이 고개를 끄덕이신다.

주님이 당신을 다른 장소로 데려가신다. 이곳은 도서관 사서도 인정할 만큼 조용하다. 간혹 웃음 소리가 들리지만 그조차 짧고 절제된 소리다. 찬양 소리도 들려온다. 그러나 이 또한 절제되어 있다. 고성방가로 따가운 눈총을 받을 일은 전혀 없을 것 같다. 높이 솟은 대문은? 이곳 대문도 활짝 열려 있다. 당신은 예수 그리스도 안에 있는 형제 자매들과 손을 들어 인사를 나눈다. 성공회 교인, 감리교인, 심지어 침례교인까지 일부 뒤섞여 모임을 갖고 있다.

이제 한 10분 정도 남았다. 예수님은 한 곳을 더 보여주시기 위해 신속히 이동하신다. 대문은? 굳게 닫혔다. 예수님이 갑자기 발뒤꿈치를 드시더니 살금살금 복도를 지나가신다. 당신도 물론 예수님처럼 따라한다.

예수님이 지구촌 전역에서 통용되는 수신호를 보내신다. 말 없이 오른손 집게손가락을 입술에 대신다. 소리 내지 말고 조용히 지나가잔 뜻이다. 당신은 궁금해서 참을 수 없다. "예수님, 왜 저 큰 대문이 닫혀 있나요? 왜 조용히 해야 하는 거죠? 저 안에 누가 있는 거예요?"

"그게 말이지," 예수님이 머쓱하신 듯 입을 여신다. "저기엔 칼빈주의자들이 있어. 쟤네들은 자기들만 여기 천국에 있는 것으로 알아. 나는 그냥 그렇게 생각하게 내버려 두려고. 쟤네들 환상을 깨고 싶지 않거든."

물론 이것은 순전히 가상의 이야기다(부디 아무도 오해하지 않았길 바란다). 우리가 천국에서 누릴 완전한 연합과 친교를 매우 엉뚱하고 빈약한 이미지로 그렸다. 하지만 칼빈주의의 맹점을 드러낸 부분만큼은 크게 잘못되지 않았다. 문제는 칼빈주의 자체가 아니라 칼빈주의자라는 것이다.

진실은 이렇다. 내가 주장하는 논지의 핵심이라 할 수 있고,

이 책의 출발점이라고도 할 수 있다. 소위 '은혜의 교리'doctrines of grace를 사랑한다고, 또는 사랑하기 원한다고 말하는 우리가 정작 그 은혜의 모습으로는 자라가지 못했다. 우리는 인자하고 친절하며 상냥하고 따뜻한 사람으로, 긍휼을 베풀 줄 아는 인성으로 성숙하지 못했다. 그 의미는 단 하나다: 우리는 은혜의 교리에 대해 실제로는 알지 못한다는 것이다. 물론 우리는 그 요지가 무엇인지 알고 그 주장에 대해 시간을 들여 설명할 수 있다. 우리는 칼빈주의 5대 교리^{TULIP2}를 뒷받침하는 각 성경구절들을 서너 개씩 암송할 수도 있다. 그러나 거만하고 논쟁적인 칼빈주의자로서의 모습은 21세기의 옷을 입은 현대판 바리새인과 다르지 않다.

칼빈주의는 나의 우상을 만족시켰다

나에게는 자랑스러워할 수 없는 과거의 모습이 있다. 그리스도인이 되기 이전 나의 과거를 말하는 것이 아니다. 칼빈주의자

---

2. 겨우 몇 페이지를 읽는 동안에도 우리는 적지 않은 수의 전문용어들을 접했다. 칼빈주의자, 은사주의(오순절)교회, 튤립 교리 등을 언급했고, 곧 더 많은 용어들을 접하게 될 것이다. 이에 대한 간략한 설명이 필요하다면, 다음 장의 〈신학 용어 및 역사에 대한 간략한 설명〉을 먼저 읽고 여기로 다시 돌아와도 좋다.

가 된 이후 나의 과거 모습이다. 수년 동안 나는 칼빈주의에 천착했고, 그 시간 동안 많은 부분에서 예수님을 도외시했다. 나의 칼빈주의는 많은 자료, 우쭐거림, 체계적으로 정돈된 성경 본문, 논란이 되는 여러 화두 및 주장들, 분노, 그리고 청교도들로부터 얻은 인용문으로 채워졌다. 안타깝지만, 나만 그랬던 것이 아님을 잘 안다.

우리 모두는 은혜의 교리 속으로 들어가게 된 다양한 시점과 계기가 있다. 내 경우는, 열다섯 살에 다니던 개혁침례교회에서 주일학교 선생님이 칼빈주의 5대 교리를 가르치기로 결심한 순간부터다. 그 직전까지 내가 알던 칼빈은 그 유명한 속옷 브랜드, 캘빈 클라인밖에 없었다.

몇 주에 걸쳐 5대 교리를 접하는 동안 나는 그것에 반대하거나 싸우거나 몸서리치지 않았다. 마치 기타리스트 스티비 레이 본의 '리틀 윙'Little Wing 연주를 감상하듯, 반복되는 선율에 점점 빠져들었다.

그런데 뭔가 수상쩍었다.

다른 많은 그리스도인들이 칼빈주의 교리에 모두 동의하는 것은 아니란 얘기를 들은 것이다. 그 사실을 안 순간부터 나는 흥분하며 침을 꿀꺽 삼켰다. 손가락 마디마디를 꺾으며 우두둑 소리를 냈다. 말하자면 그날부터 신학적 논쟁을 위한 격투기 훈련이 시작된 것이다. 친구들보다 훨씬 앞서 나가기 시작했다. 로마서 9장의 논지를 제1 증거본문으로 대기시켜 놓고, 예정론에 대해 의구심이나 반박의 기미가 보이는 사람들을 누구든 '격파할' 준비가 되어 있었다. '어디 한번 덤벼봐. 한 방에 꺾어버릴 테니!'

나는 그런 식으로 나의 칼빈주의를 사랑했다. 그것이 나에게 자부심과 힘을 불어넣었기 때문이다. 반면 그것은 나의 우상 공장에 불을 밝혔다. 내 머릿속의 장비들이 풀가동하면서 온갖 우상들을 생산하기 시작했다. 그러는 동안 나의 마음은 뭔가에 막혀 움직이질 못했다. 머리와 마음이 서로 분리된 채, 교리 공부는 우상 공장의 생산라인만 계속 가동시켰다.

칼빈주의를 통해 나의 '자존심 우상'이 채워졌다: "내 옆에는 칼빈과 스펄전이 있다고. 당신도 어서 내 편이 되는 게 좋을 걸. 내가 옳단 말이야." 나의 '힘 자랑 우상'을 힘껏 휘두르기도 했다: "저들이 모르는 걸 내가 좀 가르쳐야겠군. 내가 진리를 알고 있으니 말이야. 저 사람들한테 내가 꼭 필요하단 말이지." 때론 나의 '인정 추구 우상'이 위협을 느끼기도 했다: "뭐지, 내 의견에 동조하지 않다니. 아니, 어떻게 감히 이 칼빈주의 가르침에 토를 달지?" 자신이 세운 우상들이 위협을 받을 때, 또는 누군가를 혼내줄 기회를 만날 때, 우리는 이빨을 드러내고 공격 자세를 취한다.

'케이지 단계'cage-stage의 칼빈주의자에 대해 들어봤는지 모르겠다. 그는 칼빈주의에 대해 막 배운 사람으로, 만화 '루니툰'의 태즈(태즈매니안 데블 만화 캐럭터)처럼, 정신없이 돌아다니다가 다른 사람의 믿음과 소망과 사랑을 해치면서 마구 휘젓고 다니지 못하도록 케이지 안에 가둬놓을 필요가 있다. 그리고 우리는 이렇게 위로한다. '이건 한때의 모습일 뿐이야. 시간이 흐르면 이 또한 지나가리라.'

하지만 그 단계가 어떻게든 지나고 나면 결국 좋아질 수 있을까? 확신이 서지 않는다.

잘 모르겠다. 나와 조금 관점이 다른 그리스도인을 만날 때마다, 우리는 여전히 케이지 안에 들어가 있어야 하는 건 아닐까?

우리가 자신의 케이지를 잘 간수하고 다니는진 모르겠다.

우리가 필요한 시점마다 여전히 케이지 안에 가만히 잘 있는 자들이라고 스스로에게 말할 수 있을지도 잘 모르겠다.

사실 나는 우리에게 이런 케이지 단계가 없었으면 좋겠다.

케이지 단계의 위험성은 우리 자신이 그 안에 들어가 있어야 하는지 여부를 스스로는 확신할 수 없다는 데 있다. 우리는 칼빈주의가 확실한 정답이라는 신념에 따라 거침없는 신학 논쟁으로 사람들을 굴복시키는 데 정신이 팔린 나머지, 우리가 교량을 불태우고 있는 것을 알지 못한다. 때론 여기저기 깨진 관계의 파편들을 보고나서야 뒤늦게 케이지의 필요성을 깨닫는다. 우리 자신의 오류나 실수를 솔직하게 말해줄 수 있는 담대하고 용기 있는 친구들이 우리 주변에 있어야 한다.

나에게는 그런 친구들이 필요했고 지금도 여전하다. 나는 최근에 '케이지 단계 구역'에 있던 나의 콘도를 처분했다. 솔직히 고백하면, 나의 과거 시절, 옛 활동무대 주변을 한 바퀴 둘러보고 싶은 마음이 생길 때가 있다. '뭔가 또 재밌는 일 없나' 하고 말이다. 나는 여전히 칼빈주의의 어두운 골목생활로 돌아가고픈 유혹을 느끼며, 그럴 때마다 나를 진정시킬 친구들, 나를 도와줄 친구들이 필요하다. 예배 때마다 회중들이 부르는 '충분히 칼빈주의적이지 않은' 노래들을 내가 굳이 지적하고 교정할 필요는 없다. 나의 블로그에서 게시한 모든 포스팅마다 (비텐베르크 성당 문앞에 선 마르틴 루터처럼) 디지털 망치를 치켜들고, "내가 여기 서 있습니다. 내게 다른 선택은 없습니다" 하고 외칠 필요는 없는 것이다. (이 말은 1521년 4월 보름스 회의장에서 카를 황제 앞에 선 마르틴 루터가 먼저 선포했던 말이기도 하다. 당시 그는 칼빈주의자는 아니었다. 하지만 기회가 있었다면 그도 분명 칼빈주의자가 되었을 것이다. 그렇지 않은가?) 사랑하는 형제자매여, 언제부터 하나님의 은혜가 우리로 하여금 서로를 향해 중무장하게 했는가? 본래 그 은혜란 우리를 무장해제 시키는 것이 아니던가?

18세기 성공회 목사, 찬송가 작가이자 칼빈주의자인 존 뉴턴은 지인에게 쓴 편지에서, '두뇌는 명석하나 마음은 거만하고

차갑기 그지없는' 칼빈주의자들을 그들에게 알맞은 방식으로 요리하고 있다. 쉬슈케밥처럼 잘 구워내 꼬챙이로 찔러내는 것이다:

> 굳이 저의 의견을 말하자면, 그런 명석한 칼빈주의자들이 오히려 불쌍하게 여겨집니다. 저들처럼 값없는 은혜를 시끄럽게 외치는 일부 깐깐한 자들만큼이나, 옛 바리새인의 모습에 부합한 사람들, 바리새인 정신에 따라 사는 사람들도 별로 없을 거라는 안타까운 생각이 듭니다. 그들은 스스로 보기에만, 자신들 생각에만 지혜로울 뿐입니다. 그 교만한 마음 탓에 자신들의 사고가 매우 맑고 명확하며 의를 따르게 한다고 착각하고 있습니다. 그렇게 그들은 자기 자신을 신뢰하고 다른 사람은 업신여기는 자들입니다. 저의 판단에는 그런 칼빈주의자들 천 명보다, 겸손하고 신중하게 진리를 탐구하는 알미니안주의자 한 사람이 더 가치 있으며 훌륭하다고 생각합니다."[3]

우리 시대에도 교만한 태도의 칼빈주의자는 위협이 될 수 있다. 칼빈주의가 다시 부상하고 있기 때문이다. 우리 사이에

---

3. John Newton and Richard Cecil, *The Works of John Newton*, Vol. 6, 197.

서 칼빈주의자가 되는 것은 멋있어 보인다. 심지어 지난 2009년 〈타임 매거진〉은 신칼빈주의New Calvinism를 '세상을 변화시키는 10가지 사상' 가운데 하나로 소개했다.[4] 젊고, 패기 있고, 지치지 않는 개혁주의 운동이 지난 10년 동안 휘몰아쳤다. '가스펠 코울리션', '디자이어링 갓', '투게더 포 더 가스펠' 등 여러 복음주의 단체 (그리고 이들 각 기관들이 주최하는 대형 컨퍼런스)는 매년 규모가 더 커지는 것 같다. 이러한 엄청난 성장은 엄청난 책임을 수반한다. 이러한 팽창 한가운데서 우리가 직면할 수 있는 위험은 칼빈주의가 마치 인기몰이 경쟁이나 최신 기독교 유행에서 우위를 차지했다고 여기는 것이다. 그러나 이것은 네 편과 내 편을 나눌 문제가 아니다. '누가 이길 것인가' 하는 식의 싸움이 아니다. 격투장이 아닌 곳에서도 우리는 서로 이기려 하고 있다.

자랑하기 VS. 덕을 세우기

머리로 아는 칼빈주의 지식은 우리를 교만하게 할 수 있지만

---

4. http://content.time.com/time/specials/packages/article/0,28804,1884779_1884782_1884760,00.html

마음에서 발현한 칼빈주의 정신은 다른 사람을 세울 수 있다.

사도 바울은 고린도 교회의 일부 성도들을 향해 그들이 교만해질 수 있는 잠재적 요인에 대해 경고한 적이 있다: 시장에서 파는 고기가 우상에게 바쳐졌던 것이란 이유만으로 더럽혀진 것은 아님을 그들도 지식으로는 알고 있었다:

> 그러므로 우상의 제물을 먹는 일에 대하여는 우리가 '우상은 세상에 아무것도 아니며' 또한 '하나님은 한 분밖에 없는 줄 아노라' 비록 하늘에나 땅에나 신이라 불리는 자가 있어 많은 '신'과 많은 '주'가 있으나 그러나 우리에게는 한 하나님 곧 아버지가 계시니 만물이 그에게서 났고 우리도 그를 위하여 있고 또한 한 주 예수 그리스도께서 계시니 만물이 그로 말미암고 우리도 그로 말미암아 있느니라(고전 8:4-6).

바울이 전하는 요지는 이렇다. 우상은 아무것도 아니다. 예수님이 만물의 주인이시다. 그냥 먹어도 된다.

그러나 그 고기가 우상의 제물로 바쳐졌던 것에 대해 눈치채거나 또는 도축업자들에 대해 정보가 있던 일부 신자들은 그 고기가 어느 이교도 사원을 거쳐 유통된 것인지 알아낼 수 있었으며, 이로 인해 우상숭배의 시험에 빠질 위험이 있었다. 그래서 바울은 이렇게 덧붙인다. "그러나 이 지식은 모든 사람에게 있는 것은 아니므로 어떤 이들은 지금까지 우상에 대한 습관이 있어 우상의 제물로 알고 먹는 고로 그들의 양심이 약하여지고 더러워지느니라"(고전 8:7). 따라서 그런 신자들의 경우엔 해당 고기를 구입하거나 요리하거나 먹지 않도록 해야 했다. 한편 고기는 단지 고기에 불과함을 알 뿐 아니라 시험에 들지 않는 신자인 경우, 자기의 지식을 과시해선 안 되었다:

> 우상의 제물에 대하여는 '우리가 다 지식이 있는 줄을 아나' 지식은 교만하게 하며 사랑은 덕을 세우나니 만일 누구든지 무엇을 아는 줄로 생각하면 아직도 마땅히 알 것을 알지 못하는 것이요 (고전 8:1-2).

관건은 단지 우리가 무엇을 알고 모르는가에 있는 게 아니라, 우리가 어떻게 해야 다른 형제를 사랑하는 것인지를 아는데 있다.

고린도 교회의 고기 도축 문제와 칼빈주의에는 많은 공통점이 있다. 우리의 지식이 사랑의 끈에 매여 있지 않으면, 헬륨가스가 발생한다는 것이다. 과하게 부풀어 오른다. 교만의 환경오염지수가 높아지고, 우리 자신이 다른 사람 위에 올라서고 밀쳐내게 만든다. 그들이 우리처럼, 나처럼 모른다는 이유로 말이다. 그러나 은혜의 교리를 단지 머리로가 아니라 마음으로 알게 된다면, 우리는 사랑이라는 결과물을 낳게 된다.

문제는 여기 있다: 우리 마음과 우리 지식이 서로 연결이 안 된다. 가슴과 머리가 신체적으로 멀리 떨어진 것도 아닌데, 이 둘 사이가 신학적으로는 너무 멀리 떨어져 있다. 가슴이 아니라 머리로만 5대 교리와 쟁점 사안 그리고 스펄전의 훌륭한 인용 등을 아는 것은 우리를 교만하게 만들 것이다. 그러나 우리의 마음에 새겨진 칼빈주의는 남을 얕보고 무너뜨리기 좋아하는 자기 자랑이 아니라 남을 섬기고 세워주는 사랑을 쏟아낼 것이다. (마음 깊이 새겨진) '하트 칼빈주의'Heart Calvinism는 단지 우리의 생각만이 아닌 우리의 온 마음과 영과 힘을 다해 주 하나님을 사랑하도록 우리를 이끌 것이며, 이러한 칼빈주의는 우리로 하여금 (우리와 생각이 다른) 이웃까지 우리 자신처럼 사랑하도록 도울 것이다. 반면 (지식으로만 아는) '헤드 칼빈주의'Head Calvinism는 신학적으로 자기 자랑과 자기 의에 도취된 사람, 즉 과거에 예수님으로부터 가장 혹독하게 꾸지람을 들었던 그런 부류의 사람들이 되게 할 것이다.

칼빈주의에 대한 사랑

신칼빈주의자 중 한 사람인 존 파이퍼 목사는 그리스도인이

'하나님 사랑하기'보다 '하나님에 대한 공부 사랑하기'에 빠지는 함정에 대해 경고했다. 우리가 주님 자신보다 오히려 주님에 대해 배우는 활동 자체를 더 사랑한다는 것이다. 또한 이웃 사랑하기를 경시한 채, 교리 사랑하기에만 함몰될 위험이 있다는 것이다. 하나님을 즐거워하는 것과 다른 사람에게 그 교리를 들이미는 것 사이에는 보이지 않는 미세한 줄이 놓여 있다.

나도 이 줄에 걸려 넘어졌다. 나는 남을 사랑하는 칼빈주의자가 되기보다 칼빈주의 자체를 더 사랑한 잘못이 있다. 나는 삼위일체 하나님과의 교제보다 하나님과 그의 도에 대해 연구하는 것을 더 즐거워했다. 칼빈주의 5대 교리를 숙지하고 있다 해도 사랑이 없었기에, 내게 큰 문제가 있었던 것이다.

우리가 잘 아는 고린도전서 13장의 '사랑' 본문은 그리스도인의 삶의 매순간 모든 걸음마다 우리의 신실한 안내자가 되어 준다. 사랑에 대한 바울의 이런 포괄적인 가르침, 그리고 이 가르침을 적용하는 문제는 그저 하객들이 케이크 먹기만을 기다리는 결혼식장의 낭독으로 그쳐선 안 된다. 고린도전서 13장은 우리가 만나는 사람들을 향한 우리 삶과 사역의 중요한 지침이 되어야 한다.

> 내가 사람의 방언과 천사의 말을 할지라도 사랑이 없으면 소리 나는 구리와 울리는 꽹과리가 되고 내가 예언하는 능력이 있어

모든 비밀과 모든 지식을 알고 또 산을 옮길 만한 모든 믿음이 있을지라도 사랑이 없으면 내가 아무것도 아니요 내가 내게 있는 모든 것으로 구제하고 또 내 몸을 불사르게 내줄지라도 사랑이 없으면 내게 아무 유익이 없느니라(고전 13:1-3).

이 말씀에 따르면, 우리가 교리에 관한 여러 고상한 말들을 유창하게 하면서 정작 사랑이 없다면, 설교 도중에 갑자기 마이크가 고음으로 째지거나 핸드폰이 요란하게 울리는 등 불쾌한 소음을 내는 것과 다를 바 없다는 것이다. 신학적인 전문용어들을 한가득 구사하면서도 그 안에 사랑은 빠져 있다면, 고기 없는 햄버거이자 앙꼬 없는 찐빵과 같다는 것이다. 문제는 '사랑'이다.

혹여라도 사람들이 칼빈주의에 대해 아예 관심을 접는 이유가 우리 칼빈주의자 때문은 아닐까? 만일 당신도 우리 같은 칼빈주의자에게 한번 데인 적이 있다면, 상처를 받았다면 이 자리를 빌어 용서를 구한다. 정말 미안하다. 어떤 칼빈주의자들의 언행을 접한 이후로 칼빈주의의 가르침에 흥미를 잃었다면 그 마음 충분히 이해한다. 나 같은 칼빈주의자들은 논쟁에서 이기거나 자신의 신념을 옹호하고 주장을 정당화하는 데 급급한 나머지 엄청난 아드레날린을 뿜는다. 그리스도 안에서 의롭다 함을 받은 형제자매들을 사랑해야 하는 의무는 까맣게 잊어버린다. 이것은 옳지 못하다. 잘못이다. 사실, 이번 장을 쓰는 동안 떠오른 어느 형제와의 사건이 있었다. 나는 잠시 글 쓰는 일을 멈추고 그를 찾아가 용서를 구해야 했다. "교리 때문에 논쟁하고 싸웠던 것 미안합니다. 서로 다른 생각을 이해하고 받아들이지 못한 나의 태도를 용서해 주세요. 내가 너무 어리석고 바보 같았습니다. 무례하고 성급했어요. 나의 잘못을 용서해 주시기 바랍니다." 그 형제는 나를 용서했다. 우리는 서로를 끌어안으며 다시 웃을 수 있었다. 복음 안에서 형제가 서로 연합하는 영광스러운 순간이었다. 칼빈주의 5대 교리를 사랑한다면서, 그것 때문에 그리스도 안에 있는 형제자매를 불편하게 했다면, 다툼을 벌인 적이 있다면, 이제 용서를 구하고 화해할 시간이다. 결코 후회하지 않을 것이다. 지금 생각난다면, 지금 해야 할 것 같으면, 지금 바로 전화하라. 통화를 마칠 때까지 나도 흔쾌히 기다려주겠다.

 칼빈주의자 입장에서 볼 때, 내가 우리 부류들을 규정하는 방식이 지나치게 매정하다면, 나와 함께 거울을 들여다보길 권한다. 사람들이 우리가 강조하는 칼빈주의 가르침에 대해 확신하지 못하고 등을 돌릴 때가 있다. 그러면 우리는 어떻게 반응하는가? 그들이 성경에는 관심조차 없고, 하나님의 주권에 대해서도 진지하게 생각해 본 적 없으며, 은혜의 중요성도 깨닫지 못한 자들이라 단정하는 경향이 있지 않은가? 하지만 그들이 그런 반응을 보인 것은 다른 이유일 가능성이 높다. 그들이 확신을 얻지 못한 이유는 우리가 그들에게 진심으로 관심을 보이지 않아서다. 우리가 성령의 열매에 대해, 열매 맺는 그리스도인의 모습에 대해 진지하게 성찰하지 않았기 때문이며, 우리가 긍휼 없는 모습으로 은혜의 중요성만 강조했기 때문이다. 또는 성경에 대한 우리의 확신이 거만한 태도로 비쳐졌기 때문은 아닐까? 우리의 열정이 그저 부족한 인내심을 포장한 것에 불과했던 것은 아닐까? 우리는 오직 사랑으로 드러나야 한다.

칼빈주의자는…

고린도전서에서 바울은 그리스도를 닮아가며 서로를 사랑하는 것이 어떤 특징으로 드러나야 하는지 말하고 있다. 이는 특정한 신학적 입장이나 교단, 지역이나 문화 등이 서로 일치하는 사람들만 아니라 모든 그리스도인의 관계에 적용돼야 하는 특징이다:

> 사랑은 오래 참고 사랑은 온유하며 시기하지 아니하며 사랑은 자랑하지 아니하며 교만하지 아니하며 무례히 행하지 아니하며 자기의 유익을 구하지 아니하며 성내지 아니하며 악한 것을 생각하

지 아니하며 불의를 기뻐하지 아니하며 진리와 함께 기뻐하고 모든 것을 참으며 모든 것을 믿으며 모든 것을 바라며 모든 것을 견디느니라(고전 13:4-7).

'사랑'이란 단어 대신 각자 자기 이름을 주어로 넣어도 무방한 문장이 되어야 한다. "제프는 오래 참고, 제프는 온유하며, 제프는 시기하지 않으며." 이것은 우리 자신이, 성령의 도우심으로, 다른 사람을 얼마나 사랑하는지 또는 사랑하지 않는지 가늠해 볼 수 있는 좋은 방법이다.

그러면 칼빈주의자를 한번 주어로 넣어보는 것은 어떨까?

칼빈주의자는 오래 참고, 칼빈주의자는 온유하며, 칼빈주의자는 시기하지 않으며, 칼빈주의자는 자랑하지 아니하며, 칼빈주의자는 교만하지 아니하며, 칼빈주의자는 무례히 행하지 아니하며, 칼빈주의자는 자기의 유익을 구하지 아니하며, 칼빈주의자는 성내지 아니하며, 칼빈주의자는 악한 것을 생각하지 아니하며, 칼빈주의자는 불의를 기뻐하지 아니하며, 칼빈주의자는 진리와 함께 기뻐하고, 칼빈주의자는 모든 것을 참으며, 칼빈주의자는 모든 것을 믿으며, 칼빈주의자는 모든 것을 바라며, 칼빈주의자는 모든 것을 견디느니라.

잠시 멈칫했는가? 고개를 가로저었는가? 자신도 모르게 '아이고 이런' '에헴' 같은 신음을 뱉었는가? 고린도전서 13장은 성숙한 그리스도인이 보여주는 사랑에 대한 묘사이므로, 마땅히 우리 같은 칼빈주의자에 대한 묘사이어야 한다. 하지만 보통의 칼빈주의자에 대한 (비록 좋은 이유에서 이기도 하지만) 일반적인 선입견 및 부정적인 선입견을 생각해 보라. 고린도전서 13장이 말하는 사랑의 특징 가운데 우리는 과연 몇 가지나 '정말 그렇다'고 수긍할 수 있을까? 기껏해야 두 가지 정도일 것이다:

"칼빈주의자는 불의를 기뻐하지 아니하며, 칼빈주의자는 진리와 함께 기뻐하고." 신학교 시절 히브리어 과목 시간에 퀴즈 시험을 치른 경험에 따르면, 15문제 가운데 2개만 맞추었기에 낙제 점수임이 분명하다.

칼빈주의의 위험성에 대해 한두 가지는 이미 예견했던 존 칼빈은 우리가 왜 이런 모습을 하고 있는지를 이렇게 설명한다:

> 형제에 대한 무례함과 교만함, 오만한 말투는 어디서 오는가? 다툼과 비난, 모욕과 비방은 어디서 오는가? 이것은 모두가 자기 자신만 사랑하고, 자신의 관심사에만 지나치게 애착을 갖기 때문이 아닌가?[5]

---

5. John Calvin and William Pringle, *Commentaries on the Epistles of*

우리 모두는 나의 신학, 나의 의견, 나의 통찰, 나의 관심사를 지나치게 사랑하는 경향이 있다. 저울이 한쪽으로 지나치게 기울었다. 그러나 주님의 은혜는 다시 그 균형을 잡아줄 수 있다. 단지 칼빈주의를 사랑하는 것 이상으로, 우리에게는 사랑스런 칼빈주의가 필요하다. 지금의 칼빈주의보다 못한 칼빈주의가 필요하단 뜻이 아니다. 진짜 칼빈주의가 필요하단 뜻이다. 그것은 단지 우리 머릿속에만 가득 적재되는 칼빈주의가 아니라 우리 가슴에 가득 차오르는 칼빈주의다.

덧붙이는 말이나 각주는 없다

진리를 깨닫고 그 안에서 기뻐하는 일은 매우 중요하다. 하지만 진리를 소유했다고 해서 인내심 없고 교만한 태도까지 용납될 수 있는 것은 아니다. 우리가 진리 안에서 기뻐하는 자라고 해도, 무례하고 불친절하다면 그것은 무척 당혹스런 일이 아닐 수 없다.

사도 요한은 우리가 하나님을 사랑한다고 하면서 (심지어 칼빈주의 5대 교리, 튤립TULIP을 배우고 나서 하나님을 향한 사랑이 더욱 깊어졌다

Paul to the Galatians and Ephesians, 267.

고 해도) 정작 다른 형제나 자매 그리스도인을 업신여기고 미워한다면 그것은 곧 자기 자신을 속이는 일이라 말하고 있다:

> 우리가 사랑함은 그가 먼저 우리를 사랑하셨음이라 누구든지 하나님을 사랑하노라 하고 그 형제를 미워하면 이는 거짓말하는 자니 보는 바 그 형제를 사랑하지 아니하는 자는 보지 못하는 바 하나님을 사랑할 수 없느니라(요일 4:19-20).

형제자매를 사랑하지 않는다면, 하나님에 대한 우리의 사랑도 진위를 의심받을 수밖에 없다. 여기서 우리의 형제자매란, 칼빈주의 5대 교리를 모두 (아니면 조금 봐줘서 그 중 4개만이라도) 지지하는 그리스도인들을 말하는 것이 아니다. 하나님의 모든 자녀, 즉 모든 그리스도인을 가리킨다.

우리는 사람들이 '개혁주의' 관점에서의 구원론, 또는 칼빈주의 5대 교리 등에 동의하면 이를 '개혁주의 믿음'Reformed faith에 도달하는 것으로 말하는 걸 듣곤 한다. 하지만 나는 개인적으로 이런 표현을 선호하지 않는다. 소위 개혁주의 믿음이란 것은 없기 때문이다. 기독교의 믿음은 오직 하나다. 바울은 에베소서 4장 4-6절에서 이같이 말하고 있다:

> 몸이 하나요 성령도 한 분이시니 이와 같이 너희가 부르심의 한

소망 안에서 부르심을 받았느니라 '주도 한 분이시요 믿음도 하나요 세례도 하나요 하나님도 한 분이시니' 곧 만유의 아버지시라 만유 위에 계시고 만유를 통일하시고 만유 가운데 계시도다.

이 모든 하나 됨 때문에, 바울은 우리의 삶이 다음과 같아야 한다고 권면한다. "모든 겸손과 온유로 하고 오래 참음으로 사랑 가운데서 서로 용납하고 평안의 매는 줄로 성령이 하나 되게 하신 것을 힘써 지키라"(엡 4:2-3). 그리스도 안에서 우리가 하나라는 사실에는 조금이라도 덧붙이는 말이나 각주가 있을 수 없다. '그래 맞아, 하지만…' 이런 식의 반응은 안 된다. 우리 안에는 이 땅에서 일시적으로 겪는 신학적 차이보다 예수 그리스도의 보혈이 훨씬 더 진하게 흐르고 있기 때문이다.

우리가 이 모든 하나 됨을 간과한 채, 단지 신학적 입장 차이 때문에 상대에게 날을 세운다면, 그것은 우리 내부에서 분열을 자초하는 것이다. 이는 곧 겸손과 온유의 미덕을 내동댕이치고, 우리의 소통과 교류를 단절시키며, 서로에 대한 인내를 포기하는 것이나 마찬가지다. 그러면서도 우리는 신학적 입장 차이를 우리의 하나 됨보다 더 중요한 문제로 여기며, 더이상 연합을 위한 모든 합당한 노력을 추구하지 않고 우선순위에서 배제하게 될 것이다. 하지만 그런 생각은 틀렸다.

존 웨슬리는 천국에 있을까?

18세기 위대한 칼빈주의 설교자 조지 휫필드에 관한 일화가 있다. 휫필드는 감리교의 창시자이며 알미니안주의자로 잘 알려진 존 웨슬리를 과연 천국에서 볼 수 있으리라고 생각하느냐는 질문을 받았다.

휫필드가 뭐라고 대답했을까? "아니요, 그를 못 볼 것 같습니다."

충격적이지 않은가? 그러나 휫필드의 대답은 아직 끝나지 않았다. 그는 웨슬리를 천국에서 못 볼 것 같다고 하면서, 그 이유를 이렇게 덧붙였다. "웨슬리 선생은 하늘 보좌 아주 가까이에 계실 테고, 나는 뒤쪽으로 저만치 밀려나 있을 것이라서 아무래도 그를 보긴 어려울 것 같습니다."

겸손한 칼빈주의, 하트 칼빈주의, 같은 주님 그리고 하나의 믿음을 보여준 고백이다. 신학적 차이를 초월해 하나 됨을 지켜낸 모습이다.

휫필드와 웨슬리에 대한 이야기와 관련해, 빅토리아 시대의 위대한 설교자 찰스 스펄전은 다음과 같은 통찰을 남겼다:

> 나는 휫필드 선생의 그런 자기 고백을 읽으면서 혼잣말을 했다. '그리스도인인 나는 이로써 휫필드 선생도 진정한 그리스도인이

틀림없음을 확신한다. 그는 교리적으로는 특정 부분에서 매우 진지하게 입장 차이를 보였으나 그럼에도 불구하고 자신의 형제 웨슬리를 사랑했다. 그렇다. 친애하는 형제들이여, 만일 우리가 서로 다를 수 없다면, 그리고 서로 다름에도 불구하고 서로 사랑할 수 없다면 (주 안에서 하나 된 형제들이 하나님을 섬기기 위해 자신만의 길로 가는 것을 용납하지 못하고, 자신만의 방식으로 사역하는 자유를 갖도록 허락하지 못한다면) 우리가 그렇게 하지 못한다면, 우리는 형제 그리스도인에게 나 자신이 그리스도인이란 사실을 확신시켜주지 못할 것이다.[6]

칼빈주의에 대한 사랑이 아니라, 서로에 대한 사랑이 중요하다. 사람들은 그 사랑을 보고 우리가 부활의 주님을 따르는 제자임을 알게 된다. "너희가 서로 사랑하면 이로써 모든 사람이 너희가 내 제자인 줄 알리라"(요 13:35). 우리가 휫필드의 사역이나 설교 또는 그 탁월한 지혜를 흉내 내지는 못할지라도, 우리 모두 그의 칼빈주의 방식을 따라할 수는 있다.

스펄전과 휫필드는 나약한 칼빈주의자들이 아니었다. 온유하고 겸손한 칼빈주의자들이었다. 그들은 은혜의 교리를 결코

---

6. C.H. Spurgeon, "Christ's 'New Commandment,'" in *The Metropolitan Tabernacle Pulpit Sermons*, Vol. 51, 249.

가볍게 여기지 않았고, 동시에 다른 형제들을 무시하거나 그리스도의 몸을 가볍게 여기지도 않았다. 나 역시 항상 그렇게 살았노라고 말할 수 있길 소망한다.

그렇다면 오늘날 칼빈주의는 실패한 운동인가?

바울은 우리가 주변 세계와 서로에게 반드시 취해야 할 자세에 대해 말한다: "주의 종은 마땅히 다투지 아니하고 모든 사람에 대하여 온유하며 가르치기를 잘하며 참으며 거역하는 자를 온유함으로 훈계할지니 혹 하나님이 그들에게 회개함을 주사 진리를 알게 하실까 하며"(딤후 2:24-25). 디모데는 에베소에서 자신을 반대하는 적대자들과 대면하고 있는 상황이다. 그들은 불신자들과 거짓 교사들이다. 이때 바울에게서, "놈들을 그냥 끝장내버려!" 하는 명령이 떨어질 것으로 기대하는 독자도 있을 것이다. 바울은 그렇게 말하지 않는다. 바울은 다른 방식으로 접근할 것을 권면하고 있다. 모든 사람(진짜로 모든 사람)에게 인내와 온유함으로 대하라는 것이다. 그리고 자신에게 동의하지 않고 반대하는 자들에게 온유함과 친절로 가르치라는 것이다. 만일 교회 외부의 반대자들과 상호 교류하기 위해서도 온유함과 친절이 요구된다면, 교회 안에서는 더욱 서로에게 교리 문제로 으

르렁거리지 말아야 한다.

그런데 왜 우리 주변에 그런 일이 일어나는 것일까? 어째서 우리는 우리가 선포하는 은혜의 복음과는 반대되는 행동을 하는 것일까? 그것은 칼빈주의에 어떤 결함이나 문제가 있어서가 아니다. 우리 자신이 문제다. 당신도 우리가 죄인이란 사실을 인정하지 않는가? 바울은 이미 고린도의 음식 문제를 통해 죄인들이 지식을 얻으면 어떤 일이 벌어지는지를 우리에게 보여줬다. 사랑이 없으면 교만해지고, 다른 사람을 무너뜨리고 만다. 우리가 머리로는 이미 다 안다고 하더라도, 가슴으로는 더 깊이 알 필요가 있다.

이 책이 나아가는 방향이 바로 그것이다. 우리는 칼빈주의 5대 교리를 속속들이 살펴볼 예정이다. 반대자들을 제압하는 법을 배우기 위해서가 아니라, 그 교리 하나하나가 우리 마음에 와 닿으면 우리 안에 어떤 일이 일어나는지 보기 위해서다. 다른 사람에게 칼빈주의 5대 교리에 대해 가르치길 중단하자는 것이 아니다. 구속의 은혜가 작용하는 방식에 대해 우리가 믿는 바를 더이상 증명하려 애쓰지 말자는 것이 아니다. 그것은 성경에 있는 가르침이고, 성경에 있는 모든 가르침은 "하나님의 감동으로 된 것으로 교훈과 책망과 바르게 함과 의로 교육하기에 유익"하고 "하나님의 사람으로 온전하게 하며 모든 선한 일을 행할 능력을 갖추게" 하기 때문이다(딤후 3:16-17). 이러한 확신이 우리 머리에만 아니라 과연 우리 가슴에도 새겨져 있는지를 함께 돌아보자는 것이다.

우리 칼빈주의자에게 종종 겸손함과 거룩한 행복감이 부족해 보이는 이유는 우리가 실제로는 은혜를 바라보고 있지 않기 때문이다. 은혜의 교리를 공부하지만 정작 하나님의 은혜를 잊고 산다. 내가 그랬다. 나는 튤립 교리의 요지를 입증할 증거 본문을 찾기에 급급했지만 하나님의 은혜 그 자체이신 예수님을 지나쳐버렸다(딛 2:11). '그리스도를 잊은 칼빈주의'는 자비가 없고 평판이 좋지 않은 칼빈주의자를 낳는다. 그러나 진짜 칼빈주의, '그리스도를 즐거워하는 칼빈주의'는 겸손하고 행복한 칼빈주의자를 탄생시킨다. 칼빈주의 5대 교리 안에 있는 예수 그리스도를 바라볼 수 있다면, 우리 마음 깊은 곳에서 사랑이 뜨겁게 불타오르는 경험을 하게 될 것이다. 그 경험이 우리에게 온화한 그리스도인의 인성, 겸손하고 자상하고 인내심 많고 사랑이 넘치는 성품을 열매 맺게 할 것이다.

사람들은 우리의 칼빈주의 안에서 반드시 그리스도를 볼 수 있어야 한다. 그럴 수 없다면, 그 튤립은 밖에 내던져 버리는 게 낫다. 쓸모가 없을 테니 말이다. 그리스도의 사랑을 아는 것은 날것 그대로의 칼빈주의 자료를 아는 것보다 훨씬 소중하다. 바울은 성도를 위해 이렇게 기도했다. "능히 모든 성도와 함께 지식에 넘치는 그리스도의 사랑을 알고 그 너비와 길이와 높이와 깊이가 어떠함을 깨달아 하나님의 모든 충만하신 것으로 너희에게 충만하게 하시기를 구하노라"(엡 3:19). 그리스도의 사랑에 견줄 만한 것은 아무것도 없다. 칼빈주의가 우리에게 '그리스도의 사랑'을 드러내게 할 때, 비로소 천둥소리 같은 복음의 은혜는 우리를 완전히 뒤집고 하나님의 무한한 은혜 앞에 다시금 경외심으로 무릎 꿇게 할 것이다.

그렇다. 만일 당신이 확신에 가득찬 칼빈주의자로서 이 책을 읽는 것이라면, 나는 이 책이 당신의 길 앞에 수류탄 몇 발을 투척하게 되길 바란다. 혹여 당신이 과거에 만났던 칼빈주의자 때문에 칼빈주의를 싫어하게 되었거나, 또는 '겸손'이란 단어와 '칼빈주의'란 단어의 조합이 희한해서, 제목만 보고 이 책을 고른 것이라면 이 책이 위로가 될 수 있길 바란다. 그리고 만일 당신이 칼빈주의라는 것을 잘 모르는 상태에서 이 책을 읽게 되었다면, 이 책을 통해 그 유명한 '칼빈주의 5대 교리'를 접하게 되길 바란다. 그리고 무엇보다 정말 바라기는, 이 책을 통해 '하트 칼빈주의' (겸손한 칼빈주의, 진정한 또는 진짜 칼빈주의)가 어떤 모습인지 맛보게 되길 바란다. 이제 출발하자.

<신학 용어 및 역사에 대한 간략한 설명>

칼빈주의자에 관해 내가 아는 것 하나는 그들이 신학 전문용어와 교회사를 매우 좋아한다는 것이다. 그리고 당신이 나와 비슷한 부류의 사람이라면, 어쩌면 그런 용어들이 실제로 무엇을 뜻하는지 잘 모르고 사용했거나, 그들에 대해 잘 알지 못한 채 교회사의 유명 인물들을 언급한 적도 있을 것이다. 하지만 다른 사람도 마찬가지였을 테고, 그래서 그저 그들을 따라 하는 게 최선으로 보였을 수도 있다. 혹시, '튤립은 칼빈이 가장 좋아하던 꽃이 아니었을까', 또는 '리폼드'Reformed와 '리포메이션'Reformation란 용어는 서로 비슷해 보이는데 어째서 같은 의미가 아닌 것처럼 생각될까' 하고 궁금해 한다면 걱정하지 말라. 나 역시 그랬다. 자, 그럼 더 깊이 들어가기 전에 신학 용어와 교리에 대해 먼저 짚어보기로 하자. (만일 신학 용어와 역사적 주요 사건들에 대해 잘 알고 있다면, 이 단원을 건너뛰어 2장으로 가도 좋다.)

프로테스탄트 입문

소위 종교개혁Reformation으로 알려진 사건의 발단은 마르틴 루터라는 독일의 사제가 1517년 비텐베르크 성당 출입문에 신자의 구원과 관련한 논쟁을 벌이기 위해 반박문을 써 붙인 것이 계기가 되었다. (이것은 당시 사람들이 논쟁을 시작하는 방식이었다. 오늘날로 말하면, 블로그에 글을 올리거나 '뉴욕타임즈'에 기고하는 것과 비슷하다) 루터를 비롯한 '종교개혁가'Reformers 대열에 합류한 무리들이 유럽 전역에서 구원론과 관련하여 가톨릭 교회에 도전장을 내밀었다. 당시에는 (자신의 행위로 말미암아 자신의 구원에 스스로 기여한다는 관점인) 행위 기반의 구원론Works-based salvation이 교회의 설교와 생활을 장악하고 있었다. 반면 종교개혁가들은 다섯 '솔라'solas, 즉 다섯 개의 '오직'alones을 외치며 이를 중심으로 집결했: 그것은 '오직 성경', '오직 은혜', '오직 믿음', '오직 그리스도', '오직 하나님의 영광'이다.

당시 루터를 필두로 종교개혁에 앞장섰던 이들은 '프로테스탄트'Protestant로 불렸다(지금은 개신교도라는 의미로 그렇게 불린다). 이들은 구원이 (우리의 행위에 의해서가 아니라) 오직 그리스도를 믿는 믿음으로 말미암아 주시는 하나님의 은혜에 의해 이뤄진다고 믿었고, 하나님은 (교회의 성경 해석과 교회의 전통을 통해서가 아니라) 기록된 말씀인 성경을 통하여 말씀하신다고 믿었다. (당시 서유럽엔 오직 가톨릭 교회만 존재했고) 그 가톨릭 교회의 주요 가르침에 반박하며 항의했기에 protesting 그들은 (항의하는 자라는 뜻의) 프로테스탄트라는 이름을 얻게 되었다.

루터가 엄청난 파장을 일으킨 직후 종교개혁 이야기에 존 칼빈이란 인물이 등장한다. 프랑스 출신의 칼빈은 1세대 종교개혁자들의 가르침에 확신을 갖게 되었고, 그 역시 종교개혁을 통해 새롭게 발견한 내용을 가르치기 시작했다. 칼빈은 매우 탁월한 신학자이자 저술가 및 목사-교사였다. 그러다 박해가 심해지면서 파리를 떠났고, 이후 그의 목회사역은 스위스 제네바를 거점으로 이루어졌다. 매우 긴 이야기를 아주 짧게 줄이면, 1536년 칼빈의 한 지인이 찾아와 그가 제네바에 머무는 동안 교회사역, 저술, 설교, 강연 등을 통해 유럽을 변화시킬 수 있도록 함께 해줄 것을 제안했다.

칼빈은 칼빈주의를 만들지 않았다

오늘날 칼빈주의에서 주창하는 가르침은 칼빈이 설교단에 오르기 훨씬 이전부터 존재했던 것으로, 칼빈 자신이 그것을 창시하지 않았다. 단지 종교개혁으로 인해 '죄인 구원을 위한 하나님의 주권적 은혜의 교리'가 되살아났을 뿐이다. '은혜의 교리' 또는 '칼빈주의 5대 교리' 또는 '튤립'TULIP은 다음과 같다:

- 전적 타락Total Depravity: 우리는 완전히 불의한 존재이며 우리의 구원을 위해서는 반드시 하나님의 도우심이 필요하다.
- 무조건적 선택Unconditional Election: 하나님은 죄인을 구원하기 위해 택하시는데, 그 선택은 사람의 행위와 관련이 없으며 우리의 어떠한 공로도 참작되지 않는다.
- 제한/한정 속죄Limited Atonement: 예수 그리스도의 십자가 죽음은 특별히 그가 택하신 백성의 구원을 보장한다.
- 거부할 수 없는 은혜Irresistible Grace: 죄인이 그리스도를 믿는 것은 하나님이 그를 그리스도께로 이끄셨기 때문이다.
- 성도의 견인Perseverance of the Saints: 그리스도인은 한번 받은 구원을 결코 빼앗기지 않으며 마지막까지 인내하게 된다.

칼빈 자신은 칼빈주의보다 훨씬 더 많은 것, 그 이상의 것을 가르쳤다. 칼빈이 생존해 있다면 그는 후대에 자신의 이름을 따라 만들어진 '…주의'에 코웃음을 쳤을 것이다. 칼빈의 주요 신학 저술인 『기독교 강요』Institutes of the Christian Religion를 읽어본 독자라면 '기독교 강요'가 단지 예정 교리만 가르치는 것이 아니며 그보다 더 많은 분량을 기도, 세례, 성례 등에 할애하고 있음을 알 수 있다. 칼빈은 자신의 가르침이 칼빈주의라는 특정한 이름으로 불리는 것에 별 관심을 두지 않았을 것이다. 그 진리의 가르침을 주창하고 발전시킨 사람이 칼빈 혼자만도 아니었다. 츠빙글리, 마르틴 부처, 크랜머 같은 다른 개혁가들 역시 은혜의 교리에 대해 가르쳤다.

칼빈은 (앞서 언급된 인물들과 마찬가지로) 신학 사상에 있어 마르틴 루터와 완전한 의견일치를 이루지는 않았다. 아마도 가장 잘 알려진 둘의 차이로는 '성찬'에 관한 문제와 '예배에서 행해져야 하는 것들'에 관한 문제일 것이다. (대부분의 사안에서) 칼빈 편에 줄을 선 사람들은 (다소 혼동되기는 하지만) '개혁파'Reformed라고 불리게 되었다. 반면 (대부분의 사안에서) 루터와 그의 오른팔 필립 멜란히톤 편에 줄을 선 사람들은 (조금 더 이해하기 쉽게) '루터파'Lutherans로 불리게 되었다. 따라서 아이러니하게도, 종교개혁의 첫 기치를 든 인물인 루터는 '종교개혁가'Reformer로 알려지긴 했지만, 그 교파와 관련해선 '개혁파'Reformed라고 언급되지는 않는다. 혼동되는가? 나도 충분히 이해한다.

〈신학 용어 및 역사에 대한 간략한 설명〉

칼빈은 칼빈주의 5대 교리, 튤립^TULIP으로 가장 친숙한 인물이라고 할 수 있다. 하지만 이런 꽃 이름을 딴 교리 가르침을 칼빈 자신이 고안해 낸 것은 아니다. 단어의 머리글자로 만든 이 같은 두문자어^Acronyms가 1900년대처럼 1500년대에 널리 사용되었던 것도 아니다. 게다가 칼빈은 영어를 사용하지도 않았다. 퓨리턴 리폼드 신학대학원 교수이자 저자인 데이비드 머레이는 튤립^TULIP이란 두문자어가 처음 등장한 것은, 1932년 로레인 뵈트너[7]의 저서, 『개혁주의 예정론 교리』^The Reformed Doctrine of Predestination에서였다고 말한다. 이후 1963년, 데이비드 스틸레와 커티스 토마스가 공동 저술한 소책자, 『칼빈주의 5대 강령』^The Five Points of Calvinism Defined, Defended and Documented이 튤립 교리를 알리는 견인차 역할을 했다.

이뿐만이 아니다. 칼빈 자신이 칼빈주의 5대 강령(5가지 요지)를 고안해 제시한 것도 아니다. 이 다섯 가지 요지들이 사람들 사이에서 언제나 회자되던 것도 아니다. 사실, 그 요지들은 종교개혁의 일부 가르침에 조용히 반대하던 아르미니우스에게 영향을 받은 무리들에 대한 하나의 대응으로 제시된 것이었다. 아르미니우스의 사후 1년, 1609년에 네덜란드의 일부 알미니안

---

7. http://headhearthand.org/blog/2015/10/12/theres-more-to-calvinism-than-the-five-points-of-calvinism/. 국내에는 『칼빈주의 예정론』으로 출간됨

주의자들은 (네덜란드의 개혁파 교회에 반박하는) 항의서Remonstrance를 제출했다. 항의서를 통해 그들은 교회가 가르쳐 왔던 하나님의 주권과 자유의지, 무조건적 예정, 그리고 은혜의 능력에 반론을 제기하는 도전장을 내밀었다. 그로부터 칼빈주의와 알미니안주의 사이에 8년 동안 논쟁이 이어졌고, 마침내 1618년 도르트 공의회Synod of Dort가 소집되었다. 여기서 도르트 공의회란 네덜란드 도르드레흐트Dordrecht에서 교회 회의가 열렸다는 것을 조금 더 그럴싸하게 꾸며 부르는 표현이다. ('도르트'가 '도르드레흐트'보다 보기에도 편하다.)

결국 도르트 공의회에서 알미니안주의자들의 항의서는 퇴짜와 거부를 당했다. 공의회는 이를 몇 가지 항목들로 정리해 거부 사유에 대한 초안을 작성했다. 그 거부안은 (알미니안주의자들이 제출했던) 항의서의 5가지 요지들을 인정하지 않았고 유럽 전역의 개혁파 교회에서 이미 수호되고 있던 진리를 재확인했다. 그렇게 해서 도르트 공의회는 우리가 오늘날 칼빈주의 5대 강령으로 알고 있는 것의 초안을 제시했다. 하지만 모든 사람이 그 강령을 따른 것은 아니다. 그때 이후로도 칼빈주의자와 알미니안주의자의 대립은 계속되었으며,[8] 수많은 사람들이 이

---

8. 사실 이 논쟁은 심지어 더 먼 과거인 5세기의, 아우구스티누스와 펠라기우스의 논쟁으로까지 들어간다. 하지만 이 단락에서 그런 것까지 감당할 정도로 시간이 남아도는 독자는 아무도 없을 것이다. (여하튼, 알미니안주의

편 또는 그 반대편의 주장을 견지했으나 어느 한편의 이름을 가져와 붙이거나 그 이름으로 불리기를 원하지는 않았다. 아마도 칼빈주의자와 알미니안주의자 모두를 탐탁치 않게 여겼거나, 또는 그런 이름을 미처 들어보지 못했기 때문일 수 있다. 튤립 교리에 대한 서로 다른 견해 차이가 반드시 정통과 이단의 차이를 의미하는 것도 아니었다. 두 진영 모두 하나님에 대한 사랑을 추구하고자 했고, 성경을 진지하게 다뤘으며, 사람들이 예수 그리스도를 따르는 모습을 보기 원했다.

도르트 공의회에서 서명된 문서에 '칼빈주의'라는 이름표가 여전히 붙어 있긴 하지만, 칼빈이 그 문서에 자신의 이름을 남겼기 때문이라고 생각해서는 안 된다. 칼빈은 그 몇 년 전에 이미 죽어 그리스도의 품에서 안식을 누리고 있었다. 그러나 물론, 칼빈이 미친 영향을 완전히 부정할 수는 없다. 칼빈의 하나님 중심적이고, 성경 본문에 근거하며, 오직 은혜에 입각한 가르침과 설교, 그리고 그러한 칼빈의 저술들은 '칼빈주의' 신학이 그의 이름을 취할 수밖에 없었던 이유를 설명한다. 또한 그것은 (인간 편에서 말하면) 칼빈주의가 여러 세대에 걸쳐, 하나님의 신실한 종들의 저술과 설교를 통해 전해지면서, 프로테스탄트

자 가운데 상당수는 자신들이 펠라기우스의 견해와 일치한다고 여기지는 않는다.)

신학의 여러 줄기들 가운데 하나로 자리를 잡게 된 이유이기도 하다. 그런 저술가와 설교자를 예로 들면 다음과 같다. (인물의 중요도나 연대에 따른 순서는 아니다). 찰스 스펄전, 존 뉴턴, 조지 휫필드, 조나단 에드워즈, 찰스 시므온, 토마스 찰머스, 그리고 존 오웬과 존 밀턴 같은 청교도(16세기 후반에서 17세기의 잉글랜드와 스코틀랜드 개혁파들) 등이다. 칼빈주의는 소위 '5대 강령'(5가지 요지)이라 불리는 것보다 훨씬 더 많은 내용을 포함하지만, 결단코 그 이하는 아니다. 튤립 교리는 의심의 여지없이, 칼빈주의와 개혁주의 신학에서 가장 널리 알려진 특징 가운데 하나다. 우리는 이 책에서 그 튤립 교리를 집중적으로 살펴볼 예정이다.

신칼빈주의

당신이 칼빈주의에 대한 신간 도서를 읽고 있는 이유는, 소위 '신칼빈주의'New Calvinism의 영향 때문이다. 그것은 칼빈주의에 대한 관심과 대중성을 21세기에 재부각시킨 운동이다. '가스펠 코울리션'의 편집장 콜린 한센은 칼빈주의의 부흥을 추적하는, 『젊고, 멈추지 않고, 개혁하는: 신칼빈주의와 함께 하는 저널리스트의 여정』Young, Restless, Reformed: A Journalist's Journey with the New Calvinists (국내에선 '현대 미국 개혁주의 부활: 신세대 개혁주의 새바람'이란 제목으로 출간됨)이란 책을 저술했다. 콜린의 이 책은 2008년 출간되었고, 칼빈주의는 여전히 부상 중이다.

칼빈주의가 다시금 대중의 인기를 끌게 된 것은 여러 사람의 가르침과 저술이 큰몫을 했다. 존 파이퍼, R. C. 스프라울, 매트 챈들러, 팀 켈러, 제임스 패커, 마이클 호튼, 팀 챌리스 등 많은 이들이 있다. 추가로 우리는 리치 레코드, 램프 모드, 험블 비스트 같은 개혁주의 힙합 음악의 영향도 무시할 수 없다. 신칼빈주의 세대들은 '디자이어링 갓', '리고니어 미니스트리', '가스펠 코울리션', '프로클래메이션 트러스트', '뉴프론티어스', 남침례신학교, '나인 막스', '액츠 29' 같은 다양한 사역들을 통해 유익을 누리고 있다. (만일 당신이 선호하는 사역기관이 명단에서 빠졌다면 부디 용서하기 바란다. 이번 단원은 분량이 적어야 한다는 점을 감안해 주기 바란다.) 칼빈주의의 부활은 개혁주의 신학을 우쭐하게 하거나 옛 칼빈주의자들에 대한 일종의 애정을 불러일으키는 버블헤드 피규어(체구에 비해 커다란 가분수 머리를 가진 피규어인데 나도 여럿 갖고 있다), 머그컵, 그리고 티셔츠의 판매 바람도 불러일으켰다. 우리 교회 사무실에 있는 내 개인 서재에는 작고한 개혁가들의 초상으로 가득하다. 아내는 그것을 볼 때마다 소름이 돋는다고 한다. 그래서 집이 아니라 교회에 둔다.

신칼빈주의에서 한 가지 아이러니한 사실은, 그들이 연모하는 과거 칼빈주의자들 중에서 가장 오래전에 사망했지만 가장 적게 읽히는 저자는 아마도 칼빈 자신이라는 점이다. 분명, 신칼빈주의자들의 책장에는 청교도 시리즈와 스펄전 및 존 파이퍼의 책들이 칼빈의 책보다 더 많을 것이다. 안타까운 일이다. 왜냐하면 칼빈의 설교들은 우리의 심령을 꿰뚫고 그의 주석들은 역동적이며 그리스도께 초점을 맞추고 있기 때문이다. 칼빈의 『기독교강요』는 더 많은 사람들이 하나님을 알고 하나님을 사랑하기 바라는 칼빈의 열정이 반영되어 있다. 하지만 어떤 면에서 보면 크게 문제 삼을 것도 없다. 칼빈주의가 칼빈 자신에 관한 내용은 아니기 때문이다. 오히려 칼빈주의는 하나님의 말씀에 대한 바른 교훈에 관한 내용이다.

신칼빈주의를 두드러지게 하는 부분이 있다면, 그것은 장로교나 침례교 또는 어느 특정 교파에 국한되지 않는다는 것이다. 튤립은 그야말로 여러 토양에 뿌리를 내리고 있다. 예언과 치유 같은 특정한 영적 은사들이 오늘날에도 주어진다고 믿는 은사주의자, 그리고 그런 은사들이 사도 시대에 종결되었다고 믿는 은사주의 반대자 모두 하나님의 은혜로 가득한 칼빈주의의 가르침을 즐거워하고 있다. 신칼빈주의는 전 세계에서 복음 중심의 선교지향적인, 그리고 신학적으로 헌신된 그리스도인들을 일으켜 세우고 있다.

오늘 이것으로 역사 공부는 충분하다. 당신이 칼빈주의자든 그렇지 않든, 이 책을 즐기는 데 필요한, 그리고 칼빈주의 대화에서 뒤처지지 않게 하는 전문 용어, 두문자어, 그리고 대표적 인물들의 이름을 어느 정도 파악했으니 말이다.

2
모순어법으로 들리는 겸손한 칼빈주의

은혜. 그것은 우리의 정찬이자 디저트다. 가벼운 브런치이기도 하다.

천국에서 제공되는 만찬의 메뉴 순서는 은혜 위에 은혜다. "우리가 다 그의 충만한 데서 받으니 은혜 위에 은혜러라"(요 1:16). 우리의 접시에는 양껏 퍼 담은 은혜의 양식이 수북이 쌓여 있고, 사랑하는 아버지가 얹어주신 더 놀라운 은혜, 두툼한 스테이크도 곁에 놓여 있다.

은혜는 우리에게 가장 필요한 음식이고 식재료다. 은혜는 그리스도인의 어떤 애매한 정서나 관례적인 표현이 아니다. 은혜란 곧 우리 구주를 가리킨다: "모든 사람에게 구원을 주시는 하나님의 은혜가 나타나"(딛 2:11). 하나님의 은혜는 예수님의 애칭 가운데 하나다. 그래서 내가 은혜를 우리의 정찬 식사이자 브런치이고 오후의 달달한 마끼아또라고 말하는 것은, 예수님이 우리의 필요이고 양식이며 양분이라는 의미에서다.

예수님이 아니고선, 우리가 열매를 맺기 위해 할 수 있는 일은 아무것도 없다. 예수님은 이같이 말씀하신다. "나는 포도나무요 너희는 가지라 그가 내 안에, 내가 그 안에 거하면 사람이 열매를 많이 맺나니 나를 떠나서는 너희가 아무것도 할 수 없음이라"(요 15:5). 우리 믿음의 활기찬 에너지와 열정은 우리의 은혜로운 구속자 예수 그리스도에게서 나오는 것이라고 말해도 과언이 아니다.

예수님 자신이 우리의 음식 되신다고 말씀하신 것을 기억하라. 예수님은 우리의 떡이시다: "예수께서 이르시되 나는 생명의 떡이니"(요 6:35). 또한 우리의 음료시다: "누구든지 목마르거든 내게로 와서 마시라"(요 7:37). 예수님은 그 메뉴를 더 구체적으로 설명해 주신다. "예수께서 이르시되 내가 진실로 진실로 너희에게 이르노니 인자의 살을 먹지 아니하고 인자의 피를 마시지 아니하면 너희 속에 생명이 없느니라 내 살을 먹고 내 피를 마시는 자는 영생을 가졌고 마지막 날에 내가 그를 다시 살리리니"(요 6:53-54). 그리스도인의 삶은 믿음으로 예수님을 먹고 마시는 향연이다. 성도에게 단번에 주어진 그 믿음은 예수 그리스도께 초점이 맞춰져 있고 예수 그리스도에게서 양분을 얻으며 예수 그리스도로 만족을 얻고 (그가 어떤 분이신지, 그가 무엇을 행하셨으며, 무엇을 행하고 계시며, 무엇을 행하실지에 대한 생각에) 오로지 예수 그리스도만을 기쁘게 바라보게 만든다.

아마도 당신은 이런 얘기는 이미 다 알고 있다고 생각할지 모르겠다. 하지만 정말로 다 아는가? 우리는 예수 그리스도를 먹고 마시지 않은 채, 단지 예수님에 관한 칼빈주의 교리에 심취되어 있기 쉽다. 이것 하나만 물어보자: 당신은 서점에서 어떤 주제의 책에 먼저 손이 가는가? 조직신학 교리? 이슈 또는 논쟁이 되는 주제? 칼빈주의? 아니면 예수 그리스도?

사랑하는 형제 자매여, 우리는 단지 튤립에만 심취해서는 안 된다. 사실 그건 매우 위험할 수 있다.

제2차 세계대전 당시, 독일군에 점령 당한 네덜란드에 식량이 고갈되면서 주민들이 굶주리기 시작했다. 절박한 상황에 처한 그들은 자신들의 가장 유명한 생산품인 튤립으로 눈길을 돌렸다. 튤립의 구근은 식용이 가능했기 때문이다. 하지만 제대로 익히지 않은 구근엔 독성이 남는다는 문제가 있었다. 주민들은 자신들의 굶주림을 해결하기 위해 그 튤립을 먹긴 했지만, 제대로 익히지 않은 경우엔 복통, 두통, 경련 등의 고통을 감수해야 했다.

덜 익힌 튤립 꽃의 구근보다 더 위험한 게 뭔지 눈치 챘을 것이다. 제대로 익히지 않고 제대로 처리하지 않은 칼빈주의 튤립, 그것은 더 고통스런 결과를 불러온다. 지금 우리가 식량난 문제를 겪고 있다는 게 아니다. 우리 생명의 양식은 교리가 아니라 그리스도시다. 단지 문제는 우리에게 필요한 양분을 생명의 떡과 포도주 되시는 예수 그리스도가 아니라 교리라는 꽃에서 찾으려 한다는 것에 있다.

내가 더 즐거워했던 것

튤립TULIP의 향기를 처음 맡았던 당시가 기억난다. 그것은 매우 다채로운 경험이었다. 경이로움과 놀라움, 즐거움과 기쁨이 공존했다. 나는 그 향기를 무척 사랑했고 기회가 될 때마다 그 향기에 대해 말하길 좋아했다. 많은 성경구절과 신학용어들을 줄줄 외우고 다니는 내 모습을 보고 누군가가 가르치는 은사에 대한 나의 가능성을 언급했고, 교회는 그런 나를 자신들의 사역자로 일하기에 충분히 성숙한 사람이라고 보았던 것 같다.

이 엄청난 실수는 결국 하나님이 나의 마음과 나의 삶을 재조정하게 만드시는 계기로 사용되었다.

첫 사역자로 일하게 된 교회의 (벽장을 개조해 만든) 사무실에 앉아 있을 때, 한 설교 영상을 듣게 되었다. 영상에서 설교자는 예수님에 대해 끊임없이 말하고 있었다. 그 말 그대로였다. 설교는 예수님으로 시작해 예수님으로 이어지다가 예수님으로 끝을 맺는 식이었고, 나는 그 이야기에 빠져들었다.

그러고 나서 나의 다음 주 설교 원고를 펼쳐보다가 온몸에 소름이 돋았다. 나의 설교와 그의 설교에 엄청난 차이가 있었던 것이다. 조리하지 않은 생닭을 맛 좋은 골든 후라이드 치킨과 비교할 수 없는 것처럼 둘 사이엔 엄청난 간극이 있었다. 나의 것은 설교라기보다 오히려 칼빈주의 강의에 가까웠다. 반면 그의 설교는 그리스도의 십자가 죽음과 부활을 선포하고 있었다. 나는 가장 중요한 주제를 가장 중요하게 다루고 있지 않았다. 설교만 그런 것이 아니라 실제로 내 마음속에 예수 그리스도보다 칼빈주의가 더 크게 자리하고 있었다. 그리스도의 복음은 나의 설교에서 칼빈주의에 밀려 변두리에서 뒹굴고 있었던 것이다.

마침 당시는 복음주의 운동이 막 부상하던 때였다. 존 파이퍼의 『하나님이 복음이다』God is the Gospel, 자레드 윌슨의 『복음으로 깨어 있기』Gospel Wakefulness가 내 손에 쥐어졌고, 그 동안의 내 열정은 위아래가 뒤집힌 것이었음이 명백히 드러났다.

나는 사복음서보다 튤립 교리를 뒷받침하기 위한 증거 본문들을 더 많이 알고 있었다. 나는 하나님 그분보다 하나님에 관한 진리와 하나님의 방식에 더 큰 관심이 있었다. 나는 예수님이 나를 위해 죽으시고 부활하신 것을 알았지만, 나를 사랑하신 예수님, 자기 목숨을 버리기까지 나를 사랑하신 주님, 나를 긍휼히 여기시는 나의 영원한 대제사장, 나를 형제로 부르시길 결코 부끄러워 아니하시는 그분, 나를 위해 보좌 우편에서 중보하시는 그 주님이 정말 어떤 분인지에 대해선 제대로 알려고 하지 않았다. 나는 변화가 필요했다.

그가 나를 사랑하신다

칼빈주의에 도취되어 있던 때, 하나님의 말씀이 마치 (땅속 깊은 곳까지 뚫고들어가 지하 벙커를 파괴하는) 벙커버스터 미사일처럼 나의 심장을 관통하는 일이 벌어졌다. 수년 동안 내 머릿속에는 신학 교리들이 차곡차곡 쌓여갔고, 깔끔하게 정리되어 언제든 사용할 수 있는 대기 상태였다. 신학은 두뇌 활동을 자극했지만 나의 정서를 건드리진 못했다. 예수 그리스도로 인해 나의 감정이 동요하거나 두근거리는 때는 드물었다. 반면 화끈한 논쟁은 심장을 마구 뛰게 했다. 치열한 교리 전쟁에 대비하기 위해 나는 내 머릿속에 온갖 무기를 저장하고 성경을 파고들었다. 신학은 나의 전문이자 취미가 되었다.

그러던 어느 날, 늘상 즐기던 사냥을 위해 정글을 헤매던 중

갈라디아서 2장 20절에 부딪혀 강한 저항을 받았다. 그것은 내게 포효하며 복음의 위안과 기쁨으로 덤벼들었다:

> 내가 그리스도와 함께 십자가에 못 박혔나니 그런즉 이제는 내가 사는 것이 아니요 오직 내 안에 그리스도께서 사시는 것이라 이제 내가 육체 가운데 사는 것은 '나를 사랑하사' 나를 위하여 자기 자신을 버리신 하나님의 아들을 믿는 믿음 안에서 사는 것이라.

그리스도와 함께 십자가에 못 박혔다가 그와 더불어 다시 살아난 사실이 담고 있는 급진적인 의미에 나는 완전히 휩쓸렸다. 사실상 나는 '그리스도'에게 완전히 사로잡혔다. 그것은 치열한 교리 전투를 벌이다가 그 어둡고 매캐한 연기 속에서 더 이상 그리스도를 잃어버릴 필요가 없음을 의미했다. 예수님의 사랑이 그 어느 순간보다 실제적으로 다가왔다. 전에도 이 구절을 읽은 적이 있었고 그 안에 있는 (그리스도와의 연합, 형벌 대속적 속죄 교리라는) 진리도 알고 있었다. 하지만 이번에는 그 진리가 '진짜로' 다가왔다. 나사렛에서 사람으로 오신 성자 하나님, 말씀의 능력으로 우주 만물을 주관하시는 그분께서 정말로 나를 사랑하신다.

나를.

그가 '나를' 사랑하신다.

그는 당신도 사랑하신다.

나는 갈라디아서 2장 20절과 유사한 구절들 그리고 이에 대한 관주를 찾아 추적하기 시작했고, 그것은 신약에서 가장 강력한 구절 가운데 하나로 나를 인도했다. 바울은 골로새서에서 갈라디아서 2장 20절을 상기시키면서도 뭔가 또 다른 놀라움을 금치 못할 표현을 쓴다. "이는 너희가 죽었고 너희 생명이 그리스도와 함께 하나님 안에 감추어졌음이라 '우리 생명이신 그리스도'께서 나타나실 그때에 너희도 그와 함께 영광 중에 나타나리라"(골 3:3-4). '우리 생명이신 그리스도.' 매우 의미심장한 말씀이다.

사람들이 "내 자녀는 나의 생명(목숨) 같은 존재"라고 말할 때, 그것은 자녀가 그들의 전부라는 의미다. 삶의 대부분은 자녀를 중심으로 돌아가고 부모의 시간과 에너지도 그 자녀를 위해 사용된다는 의미다. 스포츠 선수들이 운동이 자기 삶의 전부라고 말할 때, 그것은 자신의 모든 생활이 운동에 의해 규정된다는 의미다. 그들의 일정, 훈련, 식사, 휴식, 취미 등 삶의 모든 영역이 운동을 기준으로 이루어진다는 것이다.

당신은 어떤가? 그리스도가 이런 방식으로 당신의 생명이 되시는가?

'나의 생명이신 그리스도'가 기능적으로든 실천적으로든, 눈에 두드러질 만큼 사실로 드러나는가? 당신의 삶은 예수 그리스도를 중심으로 돌아가고 있는가? 주님이 당신의 삶을 규정하고 있는가? 예수님이 진정 당신의 전부인가? 그렇지 않다면, 무엇이 당신을 사로잡고 있는가?

칼빈주의가 우리의 생명인 것 마냥 그것에 따라 사는 것은 가능한가? 칼빈주의를 알고, 칼빈주의에 대해 논쟁하고, 칼빈주의를 증명하고, 칼빈주의를 변호하고, 칼빈주의를 가르치고, 칼빈주의에 의해 규정되는 삶 말이다. 나는 그렇게 살았다. 경계를 늦추기라도 하면, 언제든 나는 칼빈주의가 내 삶의 전부라고 여기던 생활로 쉽게 되돌아갈 수 있다. 하지만 그런 삶은 이미 예수 그리스도가 계신 우리에겐 결코 바람직한 것도 아니고, 그것이 가능할 수도 없다.

하나님은, '우리 생명이신 그리스도' 안에서, 우리에게 매우 명백하지만 정작 많은 사람들이 놓치고 있는 한 가지 사실을 보여주신다. 즉 기독교는 예수 그리스도가 전부다. 예수님은 기독교를 장식하는 마스코트가 아니다. 예수님이 곧 기독교다. 작가이자 신학자인 마이클 리브스는 이 사실을 예리하게 포착한 바 있다:

> 기독교의 중심, 초석, 가장 소중한 화관은 어떤 사상이나 시스템, 또는 다른 어떤 것이 아니다. 심지어 소위 말하는 '복음'도 아니다.

그것은 오직 예수 그리스도다.

그리스도는 우리가 여러 메뉴 중에서 하나 선택하면 되는 어떤 주제나 화두가 아니다. 그리스도가 빠진 우리의 복음 또는 우리의 모든 체계는, 제아무리 뛰어난 것이라 하더라도, 아무리 '은혜가 충만'하고 또는 '성경에 충실'한 것이라 하더라도, 그것은 단순히 말해 기독교가 아니다. 기독교는 그것이 그리스도에 관한 것일 때, 오직 그럴 때만 기독교가 될 수 있다. 그러므로 우리가 그리스도를 통해 무엇을 어떻게 요리해 내는가가 복음이란 단어에서 우리가 의미하는 바를 결정하게 될 것이다. 감히 주장하건대, 우리 기독교에서 발견되는 사상적 문제와 오류는 대개 그리스도를 망각하거나 또는 그리스도를 최소화해서 야기된 것들이 대부분이다.[9]

우리의 칼빈주의는 반드시 그리스도가 전부여야 한다. 그리스도가 없는, 또는 그리스도가 부족한 칼빈주의는 비극 그 자체다. 그것은 기독교조차 아니다. 진정한 칼빈주의는 그리스도에게 사로잡힌 은혜의 정원에서 뛰노는 삶이다. 내가 이 책을 통해 바라는 점이 있다면, 당신이 칼빈주의의 5가지 요지들을 단지 몸을 뜨겁게 하는 장작불로서가 아니라, 예수님으로 즐거

---

9. Michael Reeves, *Rejoicing in Christ*, 10.

워하는 길을 비추는 횃불로서 볼 수 있게 되는 것이다. 세상의 빛이신 예수님을 인격적으로 그리고 능력으로 경험할 수 있게 말이다.

예수님을 자랑하라

칼빈주의에서 가장 중요한 다섯 개의 영문자는 튤립TULIP이 아니다. 예수님Jesus이다. 예수님은 모든 것의 가장 으뜸이 되신다(골 1:18). 성경 전체가 예수님에 관한 이야기다(요 5:39). 사도 바울은 우리의 자기 자랑을 반드시 버리고 오직 주 안에서 자랑할 것을 거듭 말하고 있다. "자랑하는 자는 주 안에서 자랑할지니라"(고후 10:17). 여기서 한번 더 경종을 울리기 위해 또 다른 구절을 언급하자면, 다음과 같다. "그러나 내게는 우리 주 예수 그리스도의 십자가 외에 결코 자랑할 것이 없으니"(갈 6:14). 그리스도가 우리의 확신과 자랑이다. 그리스도가 우리의 이유이며 동기다. 우리가 노래할 것은 오직 그리스도뿐이다.

예수님을 자랑하자. 부모는 자식 자랑하는 것에 아무 어려움이 없다: "우리 아들이 축구시합에서 결승골을 넣었어요." "글쎄 우리 딸 아이가 저번에 이런 말을 했지 뭐예요." 우리는 사랑하는 이에 관한 것이라면 기꺼이 자랑하려 애쓴다.

그렇다면 나의 주님에 대해서도 자랑해도 되겠는가? 잠시 들어주기 바란다. (사실 칼빈주의 5대 교리가 투영하는 그리스도를 나만의 방식으로 풀어놓은 이야기다.)

예수님은 말 그대로 온 우주만물을 주관하시면서도 나와 함께 하실 수 없을 정도로 바쁘신 분이 아니다. 나의 예수님은 풍랑이 휘몰아치는 갈릴리 바다 한가운데를 걸으셨고, 그 정도는 아무것도 아닌 일처럼 행동하셨다. 또 한번은 바람과 파도를 향해 꾸짖으시며, 이제 그만 좀 하라고 하셨다: "잠잠할지어다!" 반면 나는 우리 집 강아지를 앉게 하지도 못한다.

가나의 혼인잔치에서 신랑은 하객들에게 포도주를 충분히 대접해 주지 못했다. 당시 문화에서는 절대 있을 수 없는 부끄러운 일이다. 가까운 상점에 달려가는 대신, 예수님은 물을 포도주로 변화시키셨다. 이제 막 혼인식을 치르고 하마터면 큰 낭패를 볼 뻔했던 이들에게 주님은 선하심을 베푸셨고 이를 통해 영광을 드러내셨다. 예수님은 실패하는 자들을 도우신다. 예수님은 위기 가운데서 우리와 함께 하신다.

예수님은 우리에게 너무나 친절하셔서 우리가 가장 낮고 비천한 상태에 있을 때조차 버리지 않으시고 곁에 있기 원하신다. 심지어 우리가 예수님과 아무 상관 없다 여길 때에도, 주님은 여전히 우리를 원하신다. 예수님은 예전이나 지금이나 변함없이 우리를 사랑하신다. 내가 예수님께 도움 청하길 잊을 때조차, 여전히 잊지 않고 나를 도우신다.

　무리들은 예수님을 조롱했다. 그러면 어떤가? 바리새인들은 예수님을 잡으려고 늘 바쁘게 뛰어다녔다. 예수님에겐 별 문제가 아니었다. 예수님의 가족들도 트집을 잡으며 붙잡아두려 했지만 어림없었다. 예수님은 자신의 명성에 해가 될 수 있는 죄인들과 거침없이 만나셨다. 세상이 버린 사람들, 오해받는 사람들, 별종으로 취급받는 이들에게 마음을 활짝 여셨다. 예수님은 사회 부적응자들에게도 메시아가 되어주셨다.

　어느 날 새벽 두 시에 뒷마당에서 덜그럭 소리를 듣게 된다면, 나는 그것이 이웃집 고양이이길 바랄 뿐이다. 캄캄한 어둠과 혹시 모를 위험이 나를 두렵게 하기 때문이다. 그러나 예수님을 두렵게 하진 못한다. 우리 주님은 악한 귀신의 권세에 담대히 맞서신다. 예수님은 남자와 여자와 어린 아이를 괴롭히고 조종하는 그 고대의 악당을 가만두지 않으신다. 예수님의 명령 한마디에 귀신들은 불빛에 드러난 바퀴벌레들처럼 황급히 달아난다.

　예수님은 근육조직이 손상된 사람들, 세포조직에 문제가 있고, 수족과 장기가 망가진 사람들을 모두 만나주셨다. 이 모든 질병들이 최고의 목수이신 예수님에 의해 고침을 받았다. 위대한 의사이신 주님은 손이 말라 비틀어진 사람에게 그저 손을 내밀어 펴라고 말씀하셨다. 그러자 손이 낫고 펴졌다.

예수님은 베드로에게 물 위를 걷게 하시고 액체와 고체 입자의 성질을 그 뜻대로 바꾸셨다. 주님은 베드로가 물속에 가라앉게도 하시고 그 후 다시 올라서게도 하셨다. 우리 모두는 예수 그리스도가 없다면 가라앉을 수밖에 없다. 예수님은 완전하신 하나님이다. 하나님 2세, 또는 하나님에 근접한 하나님이 아니다. 완전한 하나님이신 예수님은 정말로 로마 군인들이 자신의 육신에 대못을 박게 하셨다. 나의 예수님은 나를 위해 정말로 그 일을 하셨다. 나의 죄를 위해 그렇게 하셨다. 하늘의 천사들이 예수님을 경배하고, 온 우주가 그에게 의존하고 있다. 바로 그런 주님께서 나를 위해 죽으셨다.

예수님은 실제로 차가운 시체가 되어 석판 위에 누우셨다. 하지만 계속해서 그런 상태로 머물지 않으셨다. 주님의 생전에 자신이 죽임 당하실 것과 사흘만에 죽은 자들 가운데서 다시 살아나실 것을 말씀하셨다. 그리고 정말 그렇게 하셨다. 예수님의 심장은 다시 뛰기 시작했고, 그의 뇌세포는 다시 활동하기 시작했다. 예수님의 중추신경계도 다시 반응하기 시작했다. 예수님이 다시 살아나셨다. 이제 주님은 하늘에서 영광 가운데 살아 계시고, 우리를 예수님이 계신 곳으로 부르실 것이다. 우리로 하여금 그를 믿게 하시고, 따르게 하시고, 그를 즐거워하게 하신다.

내가 신실하지 못할 때에도 주님은 내게 신실하시다. 내가 갈피를 잡지 못할 때에도 주님은 나를 인내하신다. 내가 길을 잃고 헤맬 때에도, 주님은 나를 다시 집으로 돌아오게 하신다. 내가 혼란스러워 할 때에도, 주님은 나의 눈을 열어 밝히 알게 하신다. 내가 부주의할 때에도 주님은 늘 한결같으시다. 심지어 내가 주님에 대해 사람들에게 말하길 부끄러워할 때에도, 주님은 나를 부끄러워하지 않으신다. 주님은 나를 기꺼이 자신의 사랑하는 형제요 친구요 상속자라고 부르신다.

예수님의 모든 생각과 성향과 활동은 완전히 거룩하고 의롭다. 반면 우리의 모든 생각과 성향과 활동은 너무도 자주 불의하고 악하며 온전하지 못하기 때문에, 우리는 감히 주님을 제대로 알 수 없고 상상조차 할 수 없다. 학교 체육 시간에, 만일 예수님이 가장 먼저 자기 편 구성원을 고르게 된다면, 예수님은 늘 마지막에 뽑히는 친구, 서로 남의 편이 데려가기를 바라는 그런 친구를 제일 먼저 택하실 것이다. 우리는 가족 안에서도 서로를 섬기길 힘들어 한다. 남편이나 아내가 현관문을 제대로 잠갔는지 확인하기 위해 침대에서 잠시만 나오게 되어도 서로 궁시렁거린다. 그러나 예수님은 자기 앞에 놓인 그 즐거움과 기쁨을 바라보시고, 그 사랑하는 신부를 구하기 위해 십자가에서 죽음의 고통을 기꺼이 참으셨다.

예수님은 자신을 따르게 하려고 주먹을 휘두르거나 우리를 위협하지 않으신다. 예수님은 우리를 변화시키신다. 그동안 우리의 눈을 가리고 있던 막을 제거하시고, 천사들이 그토록 고대하던 것을 우리로 하여금 보게 하신다.

예수님은 우리의 능력치에 대해서도 현실적이시다. 우리는 열쇠를 잃어버린다거나, 차를 어디에 주차했는지도 기억하지 못할 때가 있다. 그런 우리가 스스로 우리의 구원을 취득해 안전하게 간직한다는 것은 절대 불가능하다. 예수님이 우리를 보전하신다. 예수님이 우리를 꼭 붙드신다.

얼마든지 더 이야기할 것들이 많다. 그러나 세상 전부를 사용하더라도 우리의 자랑이신 예수님을 다 담아내지 못할 것이다(요 21:25). 우리는 겸손한 척 자신을 자랑하거나 그 부산물을 자랑하는 칼빈주의가 아니라, 하나님의 은혜, 주 예수 그리스도를 자랑하는 칼빈주의가 필요하다.

모든 주제들이 가리키는 주제

존 칼빈은 이러한 열정을 소유했고 그것을 나누길 원했다. 칼빈은 성경의 가장 큰 주제가 예수 그리스도란 사실을 알았다. 인간의 죄 또는 예정, 심지어 속죄가 아니라, 예수님 자신이 가장 중요한 대주제임을 알았던 것이다:

간단히 말하면, 우리가 성경 전체에서 추구해야 할 것이 바로 이 것이다: 예수 그리스도를 진정으로 아는 지식이다. 그리고 그리스도 안에 있는 한량없는 은혜의 부요함과 성부 하나님께서 예수 그리스도를 통해 그 풍성한 은혜를 우리에게 공급해 주셨음을 아는 것이다. 율법과 선지자를 면밀히 조사해 보면, 우리를 그리스도께로 인도하거나 이끌지 않는 단어는 단 하나도 찾지 못할 것이다…그러므로 우리가 성경을 읽으면서 이리저리로, 심지어 아주 미약하게라도 그리스도로부터 등을 돌리고 딴 길로 들어서는 것은 큰 불법을 행하는 것이 아닐 수 없다. 이와 반대로, 우리의 마음과 생각은 성경에서 예수 그리스도를 깨닫고 오직 그에 대해 배우는 그 지점에서 반드시 멈춰서야 한다. 그리하여 우리는 그리스도를 통해 모든 것 위에 뛰어나신 하나님, 홀로 거룩하시고 완전하신 성부 하나님께로 곧장 이끌림을 받을 수 있어야 한다.[10]

예수님은 칼빈주의의 핵심 주제시다. 그것은 예수님이 성경의 핵심 주제시기 때문이다. 만일 칼빈이 세분화된 교리 항목들이 자신의 이름을 따라 만들어지고, 그것이 하나님의 백성

---

10. Joseph Haroutunian and Louise Pettibone Smith, *Calvin: Commentaries*, 70.

들을 나뉘게 만들며, 그리스도를 깨닫고 즐거워하는 길로 인도하지 않는다는 사실을 알게 된다면, 얼굴은 찌푸려지고 그의 수염도 바르르 떨릴 것이다. 칼빈주의의 다섯 가지 포인트points는 말 그대로, 다섯 개의 포인터pointers가 되어야 한다. 그 다섯 가지 요지들은 예수님과 그 은혜를 가리켜 보여주는 포인터들이다. 사실 앞에서 내가 고백했던 예수님에 대한 (예수님의 성품, 체육 시간에 가장 약한 친구를 먼저 뽑으시는 일 등) 그 모든 자랑은 예수님의 비할 데 없는 영광을 일례로 소개하는 튤립TULIP의 요점들이다.

찰스 스펄전처럼, 우리도 그 요지들이 오직 예수 그리스도께 연결될 때만 비로소 즐거워할 수 있어야 한다:

> 은혜 교리가 그리스도와 연결될 때, 나는 그것을 얼마나 사랑하고 즐거워하는가? 어떤 이들은 예수 그리스도 없이 칼빈주의 요지들을 설교하기도 한다. 하지만 그런 설교는 딱딱하고 무미건조하고 무기력하게 느껴질 뿐이다…모든 신자는 반드시 기억해야 한다. 오직 예수 그리스도 안에서 칼빈주의 교리를 받아들이는 것이 아니라면, 우리가 그 교리를 본래 취지대로 받아들이는 것이 아니란 사실을 말이다.[11]

---

11. C. H. Spurgeon, "Alpha and Omega," in *The Metropolitan Taberna-*

튤립TULIP의 향기는 반드시 그리스도의 향기가 되어야 한다. 그리스도를 잊어버린 칼빈주의는 건조하고, 거칠고, 숨이 끊어진 시체와 같다. 예수님 없는 칼빈주의는 아무것도 아니다. 그것은 은혜로 포장은 했지만 효과 없는 약과 같다. 진정한 칼빈주의는 우리의 심장이 우리의 구속자이신 예수 그리스도의 영광 안에서 다시 뛰게 만든다. 우리는 죄 많은 인생이지만, 예수님은 전혀 죄가 없으시다. 예수님은 우리를 구원하기 위해 우리의 죄가 되셨다. 우리는 예수 그리스도 안에서 택함을 받았다. 예수님은 우리를 사랑하시고 우리 죄를 대신해 십자가에서 죽으셨다. 우리는 하나님의 손에 이끌려 그리스도를 믿는 믿음으로 나오게 된다. 우리는 예수 그리스도 안에서 영원히 구원받았다. 그런 그리스도를 제대로 알고 경험한 칼빈주의만이 먹어도 탈이 나지 않는, 괜찮은 음식이 될 수 있다.

예수님을 가리켜 보이다

코끼리 새우Jumbo shrimp

긴 반바지Long shorts

---

cle Pulpit Sermons, Vol. 9, 715-716.

더 큰 절반Larger half

플라스틱 유리컵Plastic glasses

냉동 열상Freezer burn

예쁜 못난이Pretty ugly

원 사본Original copy

겸손한 칼빈주의?Humble Calvinist

내가 겸손한 칼빈주의에 대한 책을 쓰겠다고 처음 언급했을 때, 친구가 웃으며 말했다. "겸손한 칼빈주의라고? 그건 모순되는 표현이지?" 내 개인적인 경험을 돌아보아도, 친구의 말에 동의하지 않을 수 없었다. 많은 사람에게 소위 겸손한 칼빈주의란 개념은 코끼리 새우나 플라스틱 유리컵 같은 모순되는 표현처럼 들릴 것이다. 그러나 경험상으로는 (겸손한 칼빈주의가) 모순처럼 여겨진다 하더라도, 이론상으로 그 표현은 결코 모순되지 않으며 현실에서도 그것은 모순된 것이 되지 말아야 한다.

진짜 칼빈주의는 겸손할 수밖에 없다. 진정한 칼빈주의 신학은 오직 예수 그리스도에 관한 것이기 때문이다. 그리고 우리 예수님은 겸손 그 자체시다. 겸손이 정의하는 바 그대로인 분이시다.

칼빈주의 5대 교리가 의도하는 바, 그 존재의 목표는 우리에게 예수님을 보여주는 것이다. 칼빈주의 5대 교리를 예수님을 가리키는 다섯 개의 포인터로 삼는다면, 우리는 주님을 만나고 주님의 사랑을 체험함으로 이를 통해 겸손을 배우게 될 것이다. 예수님 안에 있는 하나님의 은혜가 더 크게 다가올수록, 우리는 더 겸손해질 수밖에 없다. 교만한 칼빈주의야말로 얼토당토 않는 모순되는 표현이다. 진정한 칼빈주의는 섬김의 종으로 오신 왕 예수 그리스도께 중심을 둔다. 그러한 칼빈주의는 기꺼이 우리의 발을 씻기시는 예수 그리스도 앞에 엎드려 경배함으로, 우리 자신을 더욱 겸손하게 만든다.

그리스도 중심의 칼빈주의는 우리로 그리스도를 닮아가게 하기에, 겸손한 칼빈주의다. 예수님은 이렇게 말씀하신다. "나는 마음이 온유하고 겸손하니 나의 멍에를 메고 내게 배우라 그리하면 너희 마음이 쉼을 얻으리니"(마 11:29). 주님은 자신의 마음을 활짝 열어 보이시면서 그분을 닮고 배운다는 것이 무엇인지 알려주신다. "나는 마음이 온유하고 겸손하니." 그리고 칼빈주의의 요지들이 그리스도의 영광을 가리켜 보일 때, 그리스도는 우리의 마음을 주님의 마음과 연결시켜 주신다. 그리스도는 자신을 본받아 온유하고 겸손한 자들이 될 것을 우리에게 말씀하신다. 앤드류 머레이는 자신의 책 『겸손』Humility에서 예수님의 모든 것 위에 탁월하신 겸손에 대해 이렇게 쓰고 있다:

> 그리스도의 성육신은 그분의 신성한 겸손 (곧 자신을 비우시고 사람의 몸이 되신 그것)이 아니라면 과연 무엇이겠는가? 이 땅에서 그분

의 삶은 겸손 (곧 종의 형체를 취하신 그것)이 아니라면 과연 무엇이겠는가? 그분의 속죄는 겸손 (곧 그가 자신을 낮추시고 죽기까지 순종하신 그것)이 아니라면 과연 무엇이겠는가(빌 2:8). 그리고 그리스도의 승천과 영광은 보좌로 높임 받고 영광으로 관 씌운 겸손이 아니라면 과연 무엇이겠는가?[12]

만일 우리가 칼빈주의 5대 교리를 배우고도 예수님의 겸손에 대해서는 전혀 배우지 못한다면, 그것은 순전히 잘못 배운 것이다. 하지만 우리는 다시 제자리로 돌아갈 수 있다.

예수님은 우리에게 겸손을 가르치길 원하신다. 주님은 이미 우리를 학습 현장으로 초대하셨다. 머레이는 우리에게 "우리의 영혼이 주님에 대한 사랑과 그의 낮아지심에 대한 경이로움으로 가득 찰 때까지 그리스도의 성품을 연구할 것"을 권면한다.[13] 칼빈주의 5대 교리를 배우고 그것을 통해 예수님의 영광을 즐거워할 때, 우리는 그의 놀라운 은혜 안에서 더욱 겸손해지고 낮아질 것이다. 우리는 인자하신 우리 구주로부터 겸손의 길을 계속 배워나가야 한다. 은혜의 교리가 우리 안에서 반드시 나타나도록 해야 하는 것이 곧 겸손이다. 은혜의 교리를 제

---

12. Andrew Murray, *Humility*, 14. 『겸손』, 앤드류 머레이, 좋은씨앗
13. *Humility*, 7.

대로 요리해서 바르게 섭취한다면 겸손이란 결과가 나타날 수밖에 없다. 주님 앞에서, 그리고 서로에게 우리는 겸손해져야 한다. 우리는 은혜의 양분이 우리의 혈관을 통해, 우리의 뇌만이 아니라 심장으로도 온전히 스며들도록 기도해야 한다.

자, 이제 옷을 갈아입고 은혜의 5가지 코스 요리를 즐겨보자. 테이블은 준비되었다. 마음껏 음미해 보시길.

3
전적 의존성

디즈니월드는 안 그래도 긴장되는 곳인데, 당신의 네 살 된 자녀가 놀이기구를 타려다 신장 제한에 걸릴 경우, 상황은 더 절박해진다.

나의 아들은 (애니멀 킹덤의) 다이노소어, (트랙을 따라 달리는 자동차 놀이기구) 테스트 트랙, 그리고 (스타워즈 어드벤처 놀이기구) 스타 투어를 타고 싶어 안달이었다. 하지만 아들의 키높이가 문제였다. 그래서 우리 부부는 다른 부모들처럼 잔꾀를 부리기로 했다. 아내는 아들 올리버에게 밑창이 두툼한 팀버랜드 부츠를 사 신겼고, 추가로 양말 몇 켤레를 더 신겼다. 올리버를 빤히 바라보던 안전요원이 가까이 와서 키를 한번 재보자고 했다. 책임감에 불타오르는 디즈니 직원은 자신의 샛노란 줄자 (이제껏 수많은 아이들의 꿈을 앗아버린 지금은 다소 색 바랜 줄자)를 보란 듯이 딱 준비하고 있었다. 그러나 우리 아들은 그 대적과 당당하게 맞서 승리를 거뒀다.

나의 아내는 정말 천재다.

하지만 우리가 완전하신 하나님의 임재 앞으로 나아가게 될 때는 어떨까? 우리 중 너무나 많은 이들이 똑같은 이런 속임수를 쓰고 있다.

하나님을 속일 방도는 없다. 남을 섬기는 '양말 덧신기' 또는 선한 척 하려는 '팀버랜드 부츠 신기' 등으로는 우리에게 필요한 키높이 조건이 채워지지 않는다. 죄가 우리를 장악했고, 죄가 우리를 작아지게 했다. 우리 모두 완전히 죄에 물들었다.

우리에게 은혜가 필요한 이유

은혜의 교리에서 첫 번째 요지는 우리에게 은혜가 필요하다는 사실을 주지시키고 있다. 전적 타락 또는 전적 부패 Total Depravity는 우리가 우리 자신을 구원하기에는 완전히 무능한 존재이며, 죄에 대한 전적인 책임이 있고, 죄의 올가미에 붙잡혔으며, 완전한 갱생을 필요로 한다는 사실을 지적하고 있다.

하지만 '부패했다'depraved는 표현이 너무 지나치다고 생각하지 않는가? '죄인'sinner이라는 표현 정도로 충분하지 않은가? 잠시만 기다려보라. 우리가 '부패'(타락)depravity란 단어를 쓰는 데는 그럴 만한 이유가 있다.

'나는 죄인입니다'라고 고백하는 것은, 하나님의 계명에서 멀어지게 하는 그 무엇을 내가 행했다는 사실을 시인하는 것이다. 놀랄 만한 긴급뉴스는 아니다. 그러나 우리가 부패했다는 것은 단지 몇 가지 죄를 범했다는 것 이상의 의미가 있다. 나의 본성과 의지가 부패하고 타락했음을 의미한다. 죄의 독성이 나의 전 인격에 철저히 스며들어 있다는 것이다. 부패Depravity는 라틴어로 우리가 가라앉은de-down, 또는 철저하게 구부러진pravus-crooked 또는 비뚤어진perverse 상태임을 의미한다. 우리는 단지 죄의 돌부리에 걸려 넘어진 사람이 아니다. 우리는 죄의 구덩이 속에 뛰어들었다가 다리가 부러지고 기운도 다 빠진 채 그 안에 완전히 갇혀버린 사람이다.

광각렌즈와 줌렌즈

전적 타락에서 '전적'total은 두 가지를 강조한다. 첫째, 인류 '전체가'entire 완전히 난파되었다는 것이다. 여기에 예외는 없다. 분노와 욕정 등 우리가 너무나 잘 아는 여러 죄들을 피할 수 있는 유전자를 운 좋게 타고난 사람은 아무도 없다. 죄의 구렁텅이에서 다른 사람보다 더 잘 빠져나올 수 있는 특별한 인종이나 성별, 또는 그런 세대는 존재하지 않는다. 경비행기를 타고 지구상의 어느 외딴 지역에 착륙하더라도, 우리는 타락하지 않고 완벽한 삶을 살고 있는 순결한 종족이나 죄 없는 부족을 결코 만나볼 수 없다. 사도 바울은 단호하게 말한다:

> 그러면 어떠하냐 우리는 나으냐 결코 아니라 유대인이나 헬라인이나 다 죄 아래에 있다고 우리가 이미 선언하였느니라 기록된 바 의인은 없나니 하나도 없으며 깨닫는 자도 없고 하나님을 찾는 자도 없고 다 치우쳐 함께 무익하게 되고 선을 행하는 자는 없나니 하나도 없도다(롬 3:9-12).

우리가 스스로 하나님을 찾은 적은 단 한 번도 없다. 우리는 자신에게 하나님이 필요하다는 사실조차 인식하지 못한 채 죄 가운데 살아가기 때문이다. 우리의 전적 타락은 우리가 전적으로 부패한 상태임을 볼 수 없도록 우리의 눈을 가리고 있다. '전적' 타락은 '모든 사람'everyone이 죄에 더럽혀져 부패했고, 따라서 모든 사람에게 하나님의 죄 사함의 자비가 필요하다는 것을 의미한다.

둘째, 전적 타락에서 '전적'은 (모든 사람을 향한) 광각렌즈에서 (나의 깊은 곳을 바라보는) 줌렌즈로의 전환을 의미한다. 우리 각 사람은 전인격이 부패한 존재다. 내면의 깊은 중심부까지 우리를 통제하는 모든 기관이 완전히 부패한 존재다. 예수님은 말씀하셨다. "마음에서 나오는 것은 악한 생각과 살인과 간음과 음란과 도둑질과 거짓 증언과 비방이니"(마 15:19). 우리는 죄악되고 불의하며 이미 부패함으로 가득찬 마음을 지닌 채 태어나기 때문에 죄를 지을 수밖에 없는 존재다. 우리가 스스로 우리 죄의 사슬을 끊고 족쇄를 풀어버리는 것은 불가능하다. 하나님이 개입하시지 않는다면, 우리는 죄의 사슬이 끊어지길 바라지도 않을 것이다. "육신의 생각은 하나님과 원수가 되나니 이는 하나님의 법에 굴복하지 아니할 뿐 아니라 할 수도 없음이라 육신에 있는 자들은 하나님을 기쁘시게 할 수 없느니라"(롬 8:7-8). 우리의 부패한 본성은 우리가 하나님께 순종할 능력이 없으며, 심지어 순종을 원하지도 않는 상태에 있음을 의미한다.

죄는 우리가 마치 우주에서 가장 의미 있는 실체를 무의미한 것처럼 여기고, 그것을 무시하며, 심지어 그것에 대해 무지한 상태로 살아가는 것이다. 하나님의 영광의 흔적들을 놓치고 사는 것이다. "모든 사람이 죄를 범하였으매 하나님의 영광에 이르지 못하더니"(롬 3:23). 우리 모두는 그 영광에 이르지 못했다. 조금이 아니라 무한대로 그 영광에 이르지 못했다. 하나님은 디즈니월드 직원처럼 우리가 속일 수 있는 분이 아니다. 우리가 나의 자존감을 힘입어 허리를 바짝 곧추 세우거나, 성실한 교회 출석과 정통 교리로 영적인 양말을 겹겹이 덧신는다 해도 소용없다. 나의 선함이 나의 부족함보다 훨씬 더 많은 것처럼 보이려 아무리 애를 쓴다한들 (내가 한쪽 눈을 감고 봐도 아닌 게 분명한데 하물며) 하나님의 눈은 절대 속일 수 없다.

영화 〈터미네이터2〉에서 아놀드 슈왈츠제네거는 액체금속형 로봇(T-1000) 암살자로부터 존 코너란 소년을 보호하기 위해 미래에서 온 인조인간(터미네이터) 역할을 했다. 존 코너는 장차 인류를 파멸시킬 수퍼 인공지능 시스템, 스카이넷에 맞서는 인류 저항군의 사령관이 될 소년이며, 암살 로봇은 존 코너가 사령관으로 자라기 전에 그를 죽이려고 한다. (지루해도 조금만 참아달라.) 어느 날 존은 아이들이 장난감 총을 들고 서로 소리 지르며 싸우는 장면을 보게 된다. 그러면서 터미네이터에게 묻는다. "우리는 실패할 것 같아요, 그렇죠? 사람들 말이에요." 그러자 터미네이터가 대답한다. "너희 자신을 파괴하는 것이 너희 본성에 들어 있지." 존은 착잡한 심정으로 수긍한다. "맞아요. 그게 제일 큰 문제죠, 맞죠?"

터미네이터는 신학적으로 제대로 짚었다. 그는 전적 타락의 내용을 정확히 요약했다. 우리 속에 죄로 인해 나 자신과 우리 서로를 파괴하는 본성이 들어 있다는 것이다. 우리 손에 모든 것을 맡긴 채 그대로 내버려둔다면, 결국 우리는 세상을 완전히 파괴해 버리고 말 것이다. 바울은 에베소서 2장에서 우리가 어떤 실체를 가진 존재인지에 대해 말하고 있다. 예상대로 썩 좋은 그림은 아니다:

> 그는 허물과 죄로 죽었던 너희를 살리셨도다 그때에 너희는 그 가운데서 행하여 이 세상 풍조를 따르고 공중의 권세 잡은 자를 따랐으니 곧 지금 불순종의 아들들 가운데서 역사하는 영이라 전에는 우리도 다 그 가운데서 우리 육체의 욕심을 따라 지내며 육체와 마음의 원하는 것을 하여 다른 이들과 같이 본질상 진노의 자녀이었더니(엡 2:1-3).

우리의 전적 부패는 사망진단서와 같다. 우리는 영적으로 죽은 시체들이다. 성경은 마치 우리가 툭 쳐주기만 하면 올바른 방향으로 즉시 움직이는 기본적으로 선한 존재인 것처럼 말하지 않는다. 우리는 천성적으로 타고난 죄인이며 하나님의 진노로부터 구원이 필요한 자들이다.

신중한 접근

전적 타락이 말하고 있지 않는 것에 대해 정확히 아는 것도 중요하다. 우리가 행하는 모든 것이 우리의 죄로 얼룩져 있는 것이 사실이지만, 전적 타락은 우리가 항상 악하다거나 심지어는 악해질 수 있는 만큼 최고로 악하다는 것을 의미하지는 않는다. 또한 인간이 서로에게 선한 일을 전혀 행할 수 없다고 말하는 것도 아니다.

나는 그동안 "선하다 또는 좋다"good라는 단어에 과잉 반응해온 것이 사실이다. 간혹 누군가, "여기 좀 보게, 저 친구 정말 좋은 사람이지 않은가"라고 말하면, 나는 혼자서 곧잘 이렇게 중얼거리곤 했다. "선한(좋은) 사람은 아무도 없어. 단 한 사람도. 어휴, 이 사람은 전적 타락이 뭔지도 모르는구면." 하지만 우리는 "저분은 좋은 설교자네요"라든가 "그는 좋은 작가야"라고 말하는 것에 전혀 문제를 삼지 않는다. 내가 이런 말을 한다고 해서 칼빈주의자 동료가 로마서 3장을 근거로 내 등짝을 한 대 후려칠 것을 걱정하지 않는다. 그것은 단지 수사적인 표현으로, 한정적이고 주관적이며 상대적인 '선'(좋음)good을 의미할 뿐이다. 좋은 부모, 좋은 친구, 좋은 이웃, 좋은 직원, 불신자를 포함한 우리 모두가 그런 사람이 될 수 있다. 이것은 모든 인류에게 베푸시는 하나님의 일반 은총이란 복을 통해 가능한 일이다.

호주 신학자 마이클 버드는 다음과 같이 정확히 지적했다:

전적 타락 교리에서 확인할 수 있는 요지는 인간에게 이 같은 선을 행할 능력조차 없다는 식의 부정이 아니다. 다만 우리의 지성, 의지, 그리고 마음에까지 죄가 전적으로 스며들어 있음을 확증한다는 것이다. 죄라는 치명적인 바이러스가 침투하지 못한 곳 (그곳이 우리 생각의 동굴이든, 우리 영혼의 깊은 내면이든, 마음의 한 구석이든) 그런 곳은 결코 존재하지 않는다는 것이다.[14]

연로한 할머니가 지나갈 수 있게 문을 열어드리는 것은 선한 일이다. 우리는 이 세상에서 행해지는 다수의 선한 일들을 얼마든지 인정하고 칭찬하며 기뻐할 수 있다. 이 세상에서 약한 자들을 돕고 그들에게 선을 베푸는 삶은 좋은 것이다. 단지 그런 일 자체가 우리를 구원할 수 있거나, 우리의 부패한 본성을 지우거나 극복할 수 있을 만큼 충분히 선한 것은 아니라는 사실이다.

---

14. Michael F. Bird, *Evangelical Theology: A Biblical and Systematic Introduction*, 675.

더이상 전적으로는, 대충 그렇다

지금까지로 보면, 우리는 죄로 인해 완전히 죽은 존재다. 그러나 하나님은 우리를 이런 상태에 마냥 내버려두지 않으신다. 에베소서 2장은 4절부터 다시 이렇게 이어진다. "그러나…하나님이"But God…. 그리스도인은 전적으로 타락한 상태에서 태어난다. 그러나 또한 전적으로 죄 사함을 받고 온전히 구원을 받은 상태로 다시 태어난다. 우리는 완전히 새로운 존재로 다시 태어나는 것이다. 그렇다면 우리 믿는 신자들은 여전히 전적으로 타락한 존재인가? 여전히 전적으로?

아마도 아닐 수 있다. 하지만 또 한편으론 그럴 수도 있다. 애매하지만 대충 그렇다.

영원의 이편에서, 그리스도 안에서, 우리는 둘 중 하나either-or인 양자택일의 상태가 아니라, 이것도 사실이고 저것도 사실인 둘 다both-and인 상태로 존재한다. 마르틴 루터도 이렇게 말했다. "그리스도인은 의인이며 동시에 죄인이다. 거룩하지만 또한 불경건하다. 하나님의 원수이면서도 그러나 동시에 하나님의 자녀다."[15] 우리는 의로운 동시에 죄인simul justus et peccator이다. 우리는

---

15. Martin Luther, *Commentary on Galatians*, 226. 『마르틴 루터, 갈라디아서』, 마르틴 루터, 복있는사람

하나님 앞에서 의롭다 함을 얻은 자이지만 여전히 죄와 씨름하고 있으며 때로는 죄의 유혹을 물리치는 일에 실패하기도 한다.

우리는 그리스도 안에서 의롭다는 선언을 받았다. 다만 우리는 언제나 의로운 모습으로 살지는 않는다. 우리는 죄의 유혹에 날마다 부딪히며, 죄를 범한 후에는 자백한다. 그리고 죽은 자 가운데서 살아나신 그 아들 안에서 하나님이 우리에게 약속하신 죄 사함의 은혜를 누린다(요일 1:9). 우리는 더이상 우리의 부패함 가운데 죽은 자가 아니라, 예수 그리스도 안에서 하나님께 살아 있는 자가 되었다(롬 6:6-11). 이제 '그리스도 안에서' 우리가 행하는 선한 행실은 더이상 자기 의로 범벅된 오염된 누더기 같은 옷이 아니다. "우리는 그가 만드신 바라 그리스도 예수 안에서 선한 일을 위하여 지으심을 받은 자니 이 일은 하나님이 전에 예비하사 우리로 그 가운데서 행하게 하려 하심이니라"(엡 2:10). 이제 우리는 그저 전적으로 부패하지 않을 뿐 아니라, 우리에게는 또한 소망이 주어졌다. 그러므로 우리는 더이상 핑계할 수 없다. 그리스도인은 죄를 범하고 어깨를 으쓱하면서, "거봐, 난 그저 전적으로 타락한 사람이라구. 당신도 잘 알지?" 이런 식으로 말할 수 없다는 것이다. 전적 타락의 교리는 꾸중을 면하기 위해 내놓는 면제 카드가 아니다. 예수 그리스도 안에서, 우리는 더이상 전적으로 부패한 상태에 머물러 있지 않는다. 더 나아가 우리는 그리스도 안에서 새로운 존재로 다시 태어났다.

당신의 경험도 이와 같지 않은가? 우리는 그리스도를 따르기 원한다. 우리는 그리스도께 영광을 돌리고 우리 이웃을 사랑하기 원한다. 하지만 그럼에도 불구하고 우리는 넘어지고 실패한다. 자꾸 반복해서 실패한다. 내가 정말 원하는 바를 행하는 대신 내가 원하지 않는 행동을 하고, 대개는 그런 모습을 싫어하면서도 그 모습 그대로 살아간다. 우리는 죄인이자 성도 sinner-saints 인 것이다. 그러나 여기 복음의 기쁜 소식이 있다. 전적 타락이 우리의 상태를 묘사하는 데 자주 사용되는 것은 사실이지만, 전적 타락 자체가 더이상 우리 존재의 실체 전부를 정의하지는 못한다는 것이다. 이제 우리는 예수 그리스도와 함께 그 안에서 새로운 신분을 얻었다. 예수님이 우리를 변화시키고 자라게 하신다. 예수님이 우리를 가르치고 인도하신다. 예수님이 우리를 소유하셨다. 우리는 이미 우리의 전적 부패에서 멀어지게 되었다. 하지만 완전히 그런 것은 아니다. 아직 아니다.

이 땅의 삶에서는 항상 전적 부패를 동반하고 살아가기 때문에, 우리는 언제나 깊은 겸손으로 옷 입고 살아야 한다. 죽는 그날까지, 내 안에서 지속적으로 고개를 내미는 죄성은, 죽음 너머에 있는 나의 미래 (죄의 사슬에서 영원히 자유로워질 미래)를 내가 내 힘으로 얻어낸 것이 아님을 기억하게 할 것이다. 그 미래의 소망은 나에게 선물로 주어진 것이다. 나는 새 예루살렘 성으로 거드름 피우면서 입성하지 않을 것이다. 예수 그리스도께서 나를 그리로 이끄실 것이다. 모래사장에는 단 한 사람의 발자국만 남을 것이다. 내 친구 자레드 윌슨은 모래사장에 남은 한 사람의 발자국에 관한 시를 우스꽝스럽게 풍자했다. 윌슨은 하나님이 우리에게 이렇게 말씀하시는 것처럼 상상한다. "나의 사랑하는 자녀야, 저 모래사장에는 항상 한 사람의 발자국만 있지 않니? 그건 너의 '그런데 죄송하지만요'('sorry butt', 여기서 'but' 대신에 같은 소리가 나는 'butt'[엉덩이]를 써서 언어유희를 하고 있다 - 옮긴이)가 항상 내 등에 업혀야 했기 때문이란다."[16] 이러한 지식은 나의 자랑과 교만을 날마다 무너뜨릴 것이다.

마땅히 그렇게 되어야 한다. 하지만 (나의 부패함 때문에) 종종 그렇게 되진 않는다.

티끌 지적은 이제 그만

나를 포함한 모든 사람의 형편이 그러함에도, 이 사실을 단지 머리로만 받아들이고 만다면, 모든 종류의 불합리한 태도와 불

---

16. https://twitter.com/jaredcwilson/status/628920068500402176

미스러운 행동들이 쏟아져 나오게 된다. 내 경우를 예로 들면, 전적 타락을 머리로만 이해할 때, 여기 있는 (지금 이 책을 쓰고 있는 저자인) 나 자신이 바로 '은혜가 필요한 죄인'이라는 겸손한 자세를 취하는 것이 아니라, 나 말고 '저 못된 죄인들'에게 자꾸 손가락질하게 된다는 것이다.

예수님은 우리가 이처럼 다른 사람의 티끌을 지적하는 것을 경고하셨다. 그리고 우리 칼빈주의자들은 남의 흠을 지적하는 영역에서 탁월한 능력을 발휘하곤 한다:

> 어찌하여 형제의 눈 속에 있는 티는 보고 네 눈 속에 있는 들보는 깨닫지 못하느냐 너는 네 눈 속에 있는 들보를 보지 못하면서 어찌하여 형제에게 말하기를 형제여 나로 네 눈 속에 있는 티를 빼게 하라 할 수 있느냐 외식하는 자여 먼저 네 눈 속에서 들보를 빼라 그 후에야 네가 밝히 보고 형제의 눈 속에 있는 티를 빼리라 (눅 6:41-42).

요즘 개혁주의자들 사이엔 다른 사람의 죄 냄새에 누가 제일 먼저 코를 킁킁거리는지를 겨루는 게임이 유행인 것 같다. 우리는 사람들의 우상이 무엇인지 파헤친다. 우리는 사람들의 죄 이면에 있는 또 다른 죄를 들춰낸다. 그리고 다른 사람들 속에 자리한 율법주의적 사고방식도 금세 알아채고 지적한다. 마치 후각이 발달한 (초대형 사냥개) 블러드하운드 경찰견처럼, 수백 수천 킬로미터 떨어진 곳에서 발생한 교리적 오류에 대해 재빨리 냄새를 맡는다. 우리는 다른 사람 눈에 있는 미세한 티끌도 쉽게 포착하는 능력이 있다. 그러면서 내 눈에 있는 (그 한 켠에 '전적 부패'라고 낙서 되어 있는) 큰 대들보는 그냥 지나쳐버린다. 그러나 진정한 칼빈주의는 내 눈 속에서 위태롭게 흔들리는 그 대들보를 항상 잊지 않게 한다.

내가 저 사람들처럼 죄를 짓거나 씨름하고 있지 않다는 이유로, 나는 그리스도 안에서 다른 형제자매보다 더 나은 사람이라고 생각하는 순간, 우리는 우리 자신이 지어낸 선전물을 믿게 된다. 그렇게 우리는 우리 마음속 거짓 자판기의 전원 버튼을 누르고 만다. 그러나 거기서 출력되는 영수증에는 '위선자'라는 도장이 찍혀 있다.

한번 말해 보자. 당신은 소그룹 모임의 어떤 형제가 안고 있는 분노조절 장애 같은 문제는 없다. 하지만 자신의 식탐 문제를 잊진 않았는가?

좋다. 당신은 동성애 문제를 안고 있는 치료 모임의 어떤 소녀와는 다를 수 있다. 하지만 당신의 질투와 시기심은 어떻게 할 텐가? 약속에 늦는 친구를 여지없이 비난하면서, 자신의 음란물 중독을 숨기고 있진 않는가? 우리는 다른 사람의 티끌 같은 죄를 바라보면서도, 그런 문제가 내게는 없다는 사실에 자

위하면서, 정작 나의 대들보 같은 죄는 아무렇지 않게 지나쳐 버리는 것에 매우 능숙한 사람이다.

예수님은 누가복음의 말씀에서 우리에게 '네 자신의 문제나 잘 챙기고 다른 사람에게는 함부로 권면하지 말라'는 식으로 말씀하시는 것이 아니다. 나 자신의 모습을 가장 먼저, 우선적으로 살피고 돌아보길 요구하시는 것이다. 우리 안의 창고는 대들보로 가득하다. 그 사실이 성도들 사이에서 나 자신을 먼저 겸손하게 만든다. 전적 타락의 교리가 나의 가슴이 아니라 나의 머릿속에만 들어와 머물게 된다면, 나는 나 자신만 제외하고 세상 모든 사람에게 그 교리를 적용하다가 생을 마감하고 말 것이다. 나 자신은 그 사실조차 인지하지 못한 채 말이다. 우리는 다른 사람의 죄를 그의 전적 타락과 결부시키면서도, 정작 나의 무례함을 불면증 탓으로 돌리고 조급증을 커피 탓으로 돌려선 안 된다. 아니, 그럴 수도 있다. 하지만 '위선자'라고 적힌 벌금 딱지를 끊게 될 것이다.

예수님은 기도에 대한 매우 강력한 비유를 들려주셨다. 두 사람이 기도하는데, 한 사람은 전적 부패에 대해 잘 아는 사람이었고, 다른 한 사람은 '자기 자신의' 전적 부패에 대해 잘 아는 사람이었다:

또 자기를 의롭다고 믿고 다른 사람을 멸시하는 자들에게 이 비유로 말씀하시되 두 사람이 기도하러 성전에 올라가니 하나는 바리새인이요 하나는 세리라 바리새인은 서서 따로 기도하여 이르되 하나님이여 나는 다른 사람들 곧 토색, 불의, 간음을 하는 자들과 같지 아니하고 이 세리와도 같지 아니함을 감사하나이다 나는 이레에 두 번씩 금식하고 또 소득의 십일조를 드리나이다 하고 세리는 멀리 서서 감히 눈을 들어 하늘을 쳐다보지도 못하고 다만 가슴을 치며 이르되 하나님이여 불쌍히 여기소서 나는 죄인이로소이다 하였느니라 내가 너희에게 이르노니 이에 저 바리새인이 아니고 이 사람이 의롭다 하심을 받고 그의 집으로 내려갔느니라 무릇 자기를 높이는 자는 낮아지고 자기를 낮추는 자는 높아지리라 하시니라(눅 18:9-14).

만일 전적 타락에 관한 지식이 우리 머리에서만 맴돌다 다른 사람의 죄를 먼저 떠올리게 만든다면, 우리는 이렇게 기도하는 바리새인이 된 것이나 마찬가지다. "오 하나님, 내가 저런 죄인들과 영적 루저들처럼 되지 않게 해주셔서 정말 감사합니다." 하지만 전적 타락의 교리를 우리의 가슴으로 받아들일 수만 있다면, 나 자신이 곧 '루저'임을 깨달을 것이고, 따라서 이렇게 기도할 것이다. "오 하나님, 나는 죄인입니다. 이 죄인에게 자비를 베푸소서!"

당신은 얼마나 자주 바리새인과 같은 생각을 하는가? 다른 사람의 문제 또는 개인적인 '다름' 때문에 그것에 주목해서, 내가 그들보다 더 낫다고 위안을 삼으려 하지 않는가? "하나님 내가 알미니안주의자가 아닌 것에 감사합니다. 내가 시대에 뒤떨어진 절대 금주주의자가 아닌 것에 감사합니다. 하나님 아버지, 나의 결혼생활과 자녀양육이 아무개 성도 집안처럼 속 썩이지 않고, 주님의 영광을 가리지 않고, 그저 평안하게 하시니 감사합니다. 진리를 거부하는 얼빠진 무신론자처럼 되지 않고 이렇게 믿음 생활 잘하게 하시니 참으로 감사합니다. 그리고 하나님, 내가 아무개 부인처럼 차별주의적이지 않고 이렇게 마음이 넓은 사람으로 존경받는 것에 너무나 감사합니다." 하지만 마음 깊은 곳까지 제대로 전달된 전적 타락의 교리는 우리 안에 있는 '자기 의'를 모두 무너뜨려버린다. 그 순간, 다른 사람의 약함과 실수가 또 다시 눈에 들어온다 하더라도, 이제 당신은 이렇게 고백하지 않을 수 없을 것이다. "오 하나님, 나를 도우소서. 나는 저들보다 나은 것이 하나도 없습니다. 주님이 함께 하지 않으시면 아무 소망이 없습니다."

우리 가운데 그 누구보다도 거룩함을 향해 달려갔던 사도 바울은 어째서 자기 자신을 가리켜 "죄인 중에 괴수"라고 했을까? 왜냐하면 바울은 자신의 부패한 죄성을 인식할 때마다 더 겸손해졌고, 그럼으로써 자신과 같은 죄인을 대하시는 하나님의 은혜에 더욱 감사할 수밖에 없었기 때문이다. "미쁘다 모든 사람이 받을 만한 이 말이여 그리스도 예수께서 죄인을 구원하시려고 세상에 임하셨다 하였도다 죄인 중에 내가 괴수니라"(딤전 1:15).

'나는 우리 모두 가운데서도 가장 형편없는 죄인이다. 오직 나의 주 예수 그리스도만이 내게 긍휼과 자비를 베푸사 날 구원하실 것이다. 그것이 나의 유일한 소망이다.'

이것이 겸손한 칼빈주의자가 내면에서 부르짖는 소리다.

인종차별을 근절하는 바른 교리

전적 타락은 우리를 자랑과 교만에서 보호해 주는 것에 그치지 않는다. 그것은 인종차별적인 생각을 막아주기도 한다. 전적 타락을 진심으로 깨달으면 우리 마음에 자리한 어떤 종류의 인종차별적인 편견도 모두 근절될 수 있다. 이 세상에서 죄의 저주로부터 벗어난 사람은 아무도 없다. 모든 나라와 민족과 족속은 예외없이 죄의 저주 아래 있다. 모든 나라와 민족과 족속은 서로를 향해 온갖 끔찍한 죄악을 저질러왔다. 오래 전 이스라엘 백성이 이집트에서 겪었던 노예 생활, 아프리카 노예 무역, 미국의 흑인 차별, 독일의 나치즘, KKK단, 유럽의 시리아 난민 대상 증오범죄, 그리고 친구들이 무심코 내뱉는 인종차별적

발언들, "미안. 그렇지만, 저런 멕시코인들/중국인들/이탈리아 인들은 말이야…"에 이르기까지, 이 모든 것이 전적 타락에서 비롯된다. 전적 타락의 교리를 제대로 이해하면, 인종을 이유로 차별하거나, 인종을 이유로 우월하다는 생각은 모두 허상이고 거짓임을 알게 된다. (모든 종류의 피부색을 가진) 해 아래 있는 사람은, 본성상, 모두 죄로 인해 죽었다. 어느 누구도 더 나은 사람은 없다. 전적 타락의 교리는 인종차별을 바라만 볼 수 없는 이유, 인종차별주의자들이 회개하기 어려워하는 이유, 그리고 인종차별을 용서하기 어려운 이유를 모두 설명해 준다. 우리의 전적 타락은 우리가 나 자신의 부패한 상태를 깨닫지 못하도록 우리의 눈을 가리고 있다.

존 파이퍼는 이렇게 말한다. "전적 타락의 교리는 모든 민족과 인종을 겸손하게 만들고, 유죄를 선고 받은 우리 모두에게 절박한 동지 의식을 갖게 하는 데 큰 역할을 담당하고 있다."[17] 우리는 우리의 무력함 속에서 하나가 된다. 그리고 우리는 같은 소망 안에서 또 다시 하나가 된다. 그 소망은 중동의 한 유대인으로 나셨고, 지금도 하늘에서 온 인류를 다스리시는 나사렛 예수 그리스도시다.

---

17. John Piper, "The Reformed Faith and Racial Harmony" on the Desiring God blog, https://www.desiringgod.org/messages/the-reformed-faith-and-racial-harmony

이 세상에서 멀어지다

전적 타락에 대해 잘못 이해할 경우, 우리는 자신의 죄에서 거리를 두는 것에만 그치지 않는다. 우리는 이 세상에서도 멀어지게 된다.

예수님은 주의 백성들이 근본적으로 이 세상에 살고 있으나, 이 세상에 속한 자들은 아니라고 말씀하셨다(요 17:11, 16). 우리가, 자신의 종교성에 우월감을 느꼈던 바리새인이 아니라, 하나님께 자비를 간구했던 누가복음 18장의 세리처럼 나 자신을 바라본다면, 주변에 있는 다른 사람에게 혐오감을 느끼며 멀어져버리는 대신, 우리 안에 경건의 길로 나아가게 만드는 겸손이 자라게 될 것이다. 만일 전적 타락이 오직 또는 주로 '저 바깥에서'만 일어나는 현상이라면, 사람들에게서 멀어져 은둔 생활을 하는 게 맞을 수도 있다. 짐을 꾸리고, 가족들을 이 세상에서 안전하게 지키는 것이 가장 긴급한 일일 수 있다. 그러나 전적 타락은 실제론 '이 안에서', 내 마음 안에서 발생하는 현상이다. 내가 회개해야 하고, 내가 경성해야 한다. 내가 세상에서 살아가야 할 뿐 아니라 이 세상을 사랑하고자 애써야 하기 때문이다.

복음서 곳곳에서 우리는 예수님이 사회에서 죄인으로 낙인 찍힌 자들과 함께 계시는 장면을 자주 볼 수 있다. 예수님은 죄인들에게 하나님 나라를 이야기하면서 그들에게 소망을 주셨다. 예수님은 타락하고 부패한 자들을 바라보시며, 저들을 내쫓거나 회피하거나 못마땅하게 여기지 않으셨다. 예수님은 사람들의 전적 타락을 핑계 삼지 않으셨고, 그들의 죄 때문에 그들과 거리를 두지도 않으셨다. 오히려 예수님은 일부러 죄인들의 식사초대에 응하셨고, 그것은 예수님이 자기 스스로 죄인들의 자리에 끼어들어가신 것이나 다름없었다. 예수님은 죄로 엉킨 그들의 실타래를 풀어주셨다. 누가복음 19장 1-10절의 삭개오를 기억하는가? 그 부패한 세리가 예수님의 얼굴을 한번이라도 보기 위해 나무에 올라가 기웃거리는 모습을 예수님이 보시고 말씀하셨다. "삭개오 친구여, 이리 내려오시게. 오늘 내가 자네 집에 좀 머물러야겠네." 삭개오는 예수님이 자기 집에 방문하신다는 사실에 매우 기뻤지만 사람들은 어째서 예수님이 그런 매국노이자 간교한 배신자인 세리장 같은 죄인과 어울리려 하시는지 이해하지 못했다. 삭개오가 하는 일은 결국 로마 정부를 위한 세금징수를 이유로 자기 민족을 등쳐먹는 일이지 않은가? 그런 삭개오가 사람들에게 얼마나 외면 당했는지는 말 안 해도 알 것이다. 하지만 예수님은 대중들의 여론에 따라 움직이지 않으셨다.

전개되는 이야기는 왜 예수님이 삭개오 집에 가셨는지를 보여준다. 예수님을 만난 삭개오는 죄를 회개한다. 예수님을 만난 삭개오는 인생에서, 영원한 삶에서, 그리스도 안에서 무엇이 더 중요한지 깨달았다. 그의 회개를 보시고 예수님이 이렇게 말씀하셨다. "인자가 온 것은 잃어버린 자를 찾아 구원하려 함이니라"(눅 19:10).

당신은 누구와 더 비슷한가? 누구처럼 생각하고 말하고 행동하는 것 같은가? 죄인들에 대해 비판하고 손가락질하는 대중처럼 생각하고 말하고 행동하는가? 아니면 자신의 죄로 말미암아 깊은 어둠 속에 있는 자들에게 가까이 다가가시는 예수님을 더 투영하는가? 진정한 칼빈주의자는 세리와 죄인들과 함께 먹고 마시기를 거부하는 사람들이 될 수 없다. 한번 따져보기로 하자.

전적인 동정심

동료 죄인들을 향한 교만함, 다른 사람이 겪고 있는 문제에 대한 냉담함, 다른 사람이 죄를 고백할 때 내던지는 무자비한 판단. 이 모든 것은 전적 타락의 교리를 제대로 이해하지 못했다는 것을 반증한다.

칼빈주의자는 (동료 그리스도인이든 한 동네 불신자든) 그 누가 보더라도 그들이 아는 사람 중에 가장 동정심이 많고 긍휼이 풍성한 사람이어야 한다. 그것이 정상이다. 우리의 동료나 가족 또는 친구가 죄로 힘겨워하는 모습을 보게 될 때, 우리가 전적 타락의 교리를 정말로 이해한다면, 그들을 경멸하며 호통 치는 태도를 가져서는 안 될 것이다. 전적 타락에 대한 우리의 지식은 그런 모든 사람들을 향해 오히려 따뜻한 긍휼의 마음을 품게 한다. 우리는 실수해서 넘어지고 죄의 덫에 걸리는 것이 어떤 것인지 이미 잘 알고 있다. 또한 우리는 나 자신도 저들보다 나을 것이 하나 없는 사람이란 사실을 잘 알고 있다. "아무도 비방하지 말며 다투지 말며 관용하며 범사에 온유함을 모든 사람에게 나타낼 것을 기억하게 하라 우리도 전에는 어리석은 자요 순종하지 아니한 자요 속은 자요 여러 가지 정욕과 행락에 종 노릇 한 자요 악독과 투기를 일삼은 자요 가증스러운 자요 피차 미워한 자였으나"(딛 3:2-3). 우리도 종종 이런 오랜 죄 때문에 버둥거릴 때가 있다.

예수님 안에서 한 형제 된 성도가 자기 얼굴을 두 손으로 감싼 채 울고 있다면, 그리고 자신이 다른 여자와 부정을 저지른 사실을 고백한다면 어떻게 할 것인가? 우리가 전적으로 부패한 상태임을 알고 있다면 그 형제에게 면박을 줄 수는 없을 것이다. 오히려 그 형제를 두 팔로 안으며, "당신을 사랑합니다. 제가 함께 있을게요"라고 위로하게 될 것이다. 그리스도 안에서 한 자매 된 성도가 거식증이나 폭식 같은 섭식장애로 괴로워한다는 사실을 털어놓는다면, "자매님은 왜 그렇게 자신을 괴롭히세요?"라고 냉담하게 반응해서는 안 될 것이다. 오히려 주 안에서 하나 된 자매의 무거운 짐을 함께 나누는 마음으로, 예수님의 사랑과 긍휼이 깃든 따뜻한 위로의 말을 건네야 할 것이다. 겸손, 사랑, 온유, 이 모든 것은 우리의 전적 타락에 대한 올바른 이해 그리고 하나님의 자비하심에 대한 개인적인 체험으로부터 나올 수 있다.

전적 타락에 대한 진정한 이해와 통찰은 우리를 절대 교만하게 만들지 않는다. 그 지식은 우리를 겸손하게 한다. 이를 통해 우리는 다른 사람을 체휼하고 공감하며 사랑하게 된다.

전적인 의존

칼빈주의의 첫 번째 요지는 "우리가 얼마나 전적으로 부패한 자인가" 하는 것 이상의 사실을 다룬다. 그것은 우리가 얼마나 전적으로 예수님을 의지할 수밖에 없는 존재인지를 보여준다. 예수님이 함께 하지 않으시면, 우리 모두는 말 그대로 열매 없는 자가 될 뿐이다.

요한복음 15장에서, 예수님은 우리가 주님을 얼마나 깊이 의존하는 존재인지를 말씀해 주신다: "나는 포도나무요 너희는

가지라 그가 내 안에, 내가 그 안에 거하면 사람이 열매를 많이 맺나니 나를 떠나서는 너희가 아무것도 할 수 없음이라"(요 15:5). 예수님 없이 우리 스스로 성취해 낼 수 있는 것이 과연 무엇일까? 아무것도 없다. 예수님 없이는 우리 안에 의로운 것이 아무것도 없다. 예수님 없이는 죄 사함도 없고, 칭의도 없으며, 성화도 없다. 예수님 없이 우리는 하나님의 영광에 이르지 못한다. "결코 정죄함 없나니"도 예수님 없이 불가능하다. 예수님 없이는 죄에서 자유를 얻지 못한다. 예수님 없이는 열매를 맺지 못한다. 하나님과의 교제도 누릴 수 없다. 전혀 없다. 아무것도 없다. 그걸로 끝이다. 예수님은 우리 삶에 기쁨의 원천이자 가장 큰 동력이시다. 예수님이 그 모든 것을 가능하게 하신다. 그렇기 때문에, 내 삶에 어떤 성령의 열매가 맺힌다든지 또는 새싹이 돋는다든지 하면, 그것은 나로 말미암은 것이 아니다. 나 덕분에 생긴 것이 아니라 다 예수님에게서 온 것이다. 내게는 예수님 외에 자랑할 것이 아무것도 없다.

하나님의 능력은 우리를 자기교만의 덫에서 놓이게 하고, 우리에게 폭포수같이 쏟아지는 행복과 기쁨의 수문을 활짝 열어 주신다. "이러므로 우리도 항상 너희를 위하여 기도함은 우리 하나님이 너희를 그 부르심에 합당한 자로 여기시고 모든 선을 기뻐함과 믿음의 역사를 능력으로 이루게 하시고"(살후 1:11). 그리스도는 우리 안에 계시고 우리는 그리스도 안에 거한다. 5세기 아일랜드 선교사 세인트 패트릭은 우리가 그리스도 안에 있다는 개념을 이렇게 표현했다. "그리스도가 나와 함께 하시고, 그리스도가 내 앞에, 그리스도가 내 뒤에 계시고, 그리스도가 내 안에, 그리스도가 내 아래 계시고, 그리스도가 내 위에 계시고, 그리스도가 내 오른편에, 그리스도가 내 왼편에 계신다."[18] 우리의 삶은 하루 24시간, 주 7일, 일 년 365일 그리고 전방위 360도 언제 어디서나 행복하게도 그리스도께 온전히 의존해 영위된다. 그리스도인의 삶은 오직 예수 그리스도 안에 있는 삶이다.

영원하신 하나님의 아들을 의지하는 것은 부끄러운 일이 아니다. 그러나 우리의 교만은 나의 능력으로도 충분하다고 착각하게 만든다. 하지만 내가 나를 의지해 성장하고자 할 때마다, 나 자신은 영원히 반복해 실망과 좌절을 떠안게 된다. 나는 내 스스로 성장할 수 없는 존재다. 하루 2시간 기도하고, 성경을 통독하고, 교회에 충실하게 다닐 수는 있다. 그러나 내 안에 예수 그리스도께서 역사하지 않으시면, 그 모든 것이 헛되다. 나는 망할 뿐이다. 그리스도를 의지하지 않는다면, 나는 전원코드를 뽑은 형광등과 같다. 나에게는 아무 능력이 없다. 힘의 원

---

18. Philip Schaff and David Schley Schaff, *History of the Christian Church*, Vol. 4, 50. 『교회사전집 4』, 필립 샤프, CH북스

천이 내게 없다.

우리는 성숙한 그리스도인으로 성장할 경우, 갈수록 누군가의 도움이 점점 줄어들 것으로 기대하는 경향이 있다. 틀렸다. 그리스도인의 성숙은 나 자신이 얼마나 예수님을 필요로 하는 사람인지, 내가 갈수록 얼마나 더 예수님을 의존해야 하는 사람인지 철저히 깨닫는 것에서 시작된다. 자기의존Self-reliance은 곧 자기파괴self-sabotage와 같다. 그러나 그리스도께 의존하는 삶은 그 거룩하게 하시는 능력 안에서 우리에게 한결같은 평안과 기쁨을 가져오며, 주님이 지켜주심으로 말미암아 우리의 노력 또한 헛되지 않음을 알게 된다. 예수님은 자기 백성을 돕는 일을 결코 마다하지 않으신다. 그리스도가 우리 안에서 일하시고 그가 운전대를 잡으실 때, 우리는 안전히 집에 돌아갈 수 있다. 그 사실에 기뻐하며 안심할 수 있다. 예수님은 우리를 변화시키는 능력에 한계가 없으시며, 우리 안에서 시작하신 그 일을 반드시 이루실 것이다.

전적으로 그리스도

그리스도가 없는 칼빈주의는 상점에서 파는 튤립 꽃다발보다 가치가 없다는 것을 기억하라. 그렇다면 전적 타락의 교리는 우리로 하여금 죄 없으신 하나님의 아들 예수 그리스도를 어떻게 경배하고 즐거워하게 하는가? 그 방식은 우리에게 그리스도가 어떤 분이신지에 대한 경외심을 갖게 하는 데 있다.

여기에 전적 타락과 아무 상관 없는 상태로 태어난 한 사람이 있다. 모태에서 무덤에 이르기까지, 예수님은 단 한 번도 죄를 범하지 않으셨다. 예수님에게는 태만한 죄 (즉 반드시 행해야 하는 것을 행하지 못한 죄)가 하나도 없으시다. 또한 범법한 죄 (즉 반드시 행하지 말아야 하는 것을 행한 죄)가 하나도 없으시다. 당신은 이번 단원을 읽는 동안에도 죄를 범했을 것이다. 나 역시 이 단원을 쓰는 동안에도 죄를 범했다. 성령의 도우심을 힘입어 최선을 다함에도 불구하고, 우리의 하루하루는 죄로 점철되고 죄의 흔적이 남을 수밖에 없다. 우리 가운데 예수님이 겪으셨던 그 막중한 책임과 부담감을 겪어본 사람은 아무도 없다. 예수님이 당하셨던 배반을 당해 본 사람도 없다. 예수님의 그 무거운 짐을 짊어져 본 사람도 없다. 예수님도 우리가 경험했던 죄의 유혹을 모든 면에서 겪으셨지만, 결코 죄를 범하지 않으셨다. 단 한 번도 없으시다. 전적 타락의 아주 작은 경미한 부분조차 예수님의 생각과 말과 행동에, 어느 하루 어느 순간에도, 그 어떤 방식으로도 전혀 영향을 주지 못했다.

이 사실을 생각할 때 예수님을 더욱 경외하게 되지 않는가? 그런 예수님으로 인해 더욱 겸허해지지 않는가?

그리고 이 사실을 기억하라: 그렇게 죄가 없으셨음에도 불구하고, 예수님은 십자가에 못 박혀 죽으셨다. 우리의 전적 타락의 결과가 (우리가 아닌) 예수님에게 일어났다. 영존하시고 완전하신 하나님의 아들, 천사들이 경배하는 하나님의 아들이 로마의 처형대에 못 박히셨다. 인류 역사상 이보다 더 불의하고 부패한 사건은 없다. 예수님은 사악하고 타락한 인류의 희생양이 되셨던 것이다.

플레밍 러틀리지는 십자가 형벌의 희생자가 겪어야 할 고통에 대해 이렇게 쓰고 있다:

> 신체 기능이 제어가 되지 않는다. 벌레들이 상처와 헌데를 뜯어먹으며, 말로 표현할 수 없는 갈증과 근육 경련이 일어난다. 못 박힌 손목의 정중신경에서 끔찍한 통증이 밀려오고, 그 고통이 십자가 나무를 파고든다. 십자가의 고통은 우리가 최대한 상상할 수 있는 것 이상의 엄청난 것이다. 구경꾼들과 로마 군인들과 행인들에 의한 언어폭력, 그리고 침 뱉음과 쓰레기 투척과 같은 모욕은 희생자에게 정신적 고통을 더한다.[19]

---

19. Fleming Rutledge, *The Crucifixion: Understanding the Death of Jesus Christ*, 95.

로마가 십자가형 자체를 개발한 것은 아니지만 그 형벌의 고통과 그것에 담긴 메시지를 완성시켰다:

> 십자가형은 일종의 선전 또는 공개 발표와 같았다. 즉 이 사람은 지구상에 쓰레기 같은 존재이고 살 가치가 없는 존재란 것이다. 인간이기보다는 한 마리 벌레에 가깝다는 것이다. 십자가에 달린, 그 죽여 마땅한 죄수는 마치 하나의 표본을 핀으로 고정시켜 놓은 것과 같았다.[20]

죽여 마땅한 자. 예수님은 모든 타락과 부패의 죄악을 경험하셨다. 그것은 우리의 모든 타락과 부패와 죄악을 예수님 자신이 모두 다 짊어지시기 위함이었다. "하나님이 죄를 알지도 못하신 이를 우리를 대신하여 죄로 삼으신 것은 우리로 하여금 그 안에서 하나님의 의가 되게 하려 하심이라"(고후 5:21). 여기서 우리는 위대한 맞교환을 보게 된다: 예수 그리스도, 영존하신 하나님의 영광의 아들, 그가 우리의 죄를 취하셨고, 무가치한 우리, 전적으로 부패하고 타락한 우리 죄인들은 그의 의를 취하였다. 스펄전은 이렇게 말한다:

---

20. *The Crucifixion*, 92.

죄 없고 흠 없는 구주께서 죄인들의 자리에 서 계신다. 하나님은 죄인들의 죄책을 죄 없는 구주 예수께 부으신다. 이에 구주 예수는, 본문의 언어적 표현대로, 죄가 되신다. 그리고 하나님은 무죄한 구주 예수로부터 그의 의를 취하사 이미 죄 판결을 받은 죄인들에게 덧입히신다. 이에 죄인들은 의가 된다. 가장 고귀하고 신성한 원천에서 나오는 의로움, 곧 예수 그리스도 안에 있는 하나님의 의를 그들에게 덧입혀 주시는 것이다.[21]

예수님은 타락하고 부패한 자들을 위해 이 땅에 오셨다. 예수님은 우리의 입장에 서셨고, 우리의 더러운 오물을 친히 뒤집어 쓰셨다. 그리고 우리에게 자신의 생명을 주셨다. "나는 의인을 부르러 온 것이 아니요 죄인을 부르러 왔노라 하시니라"(마 9:3). 나는 예수님이 죄인을 위해 오셨다는 사실에 매우 감사한다. 그것은 곧 나를 위해 오셨다는 말씀이기 때문이다. 당신도 여기에 해당한다.

한때 노예상이었고 타락한 인간의 죄성에 전혀 낯설지 않은 존 뉴턴은 하나님의 은혜를 바르게 이해했다. 그 유명한 찬송가 〈어메이징 그레이스〉에서 존 뉴턴은 겸손하게 자신을 깨달

---

21. C.H. Spurgeon, "Christ Made Sin," in *The Metropolitan Tabernacle Pulpit Sermons*, 301-302.

으며 이렇게 쓰고 있다: "나 같은 죄인 (나처럼 죽어 마땅한 놈) 살리신." 저들 같은 죄인이 아니라, 바로 나 같은 죄인이다. 저 불신자들 같은 죄인이 아니고, 저 덜 성숙한 그리스도인들 같은 죄인도 아니다. 또한 저렇게 엉망진창이 된 저 형제자매들을 가리켜 말하는 것도 아니다. 나 같은 죄인인 것이다. 이것이 바로 전적 타락의 교리가 우리에게 마음으로 깨닫게 하는 지식이다. 자신이 죽어 마땅한 죄인이란 사실을 정말로 안다는 것은 하나님의 광대한 긍휼과 무한한 자비에 진정 감사하는 사람이란 사실을 의미하는 것이기도 하다. 전적 타락의 교리를 나 자신에게 가장 먼저 일차적으로 적용시킬 때, 우리는 십자가 아래 가장 낮은 곳으로 내려가는 경험을 하게 된다. 바로 그 자리에서 우리는 영광스러운 하나님의 은혜를 보게 된다. '나 자신'이 바로 죽어 마땅한 죄인임을 깨닫고, '나 같은 죄인 살리신'을 진심으로 고백하며 노래할 때, 그런 마음에서 하나님의 은혜를 바라볼 때, 비로소 그 은혜는 내 안에 놀라운 은혜로 역사하게 된다.

예수님은 단 한 번도 기준에 도달해 본 적이 없는 사람들을 구원하시기 위해 이 땅에 오셨다. 우리는 디즈니월드 직원들은 속일 수 있지만 하나님의 눈을 속여 피할 수는 없다. 우리는 몰래 발뒤꿈치를 들고 서서, 그 의의 기준에 맞춰보려고 애를 써 볼 수는 있다. 소용없는 일이다. 우리는 하나님의 기준에 영원

무궁하게 한참 모자란 존재다. 그러나 예수 그리스도 안에서 우리는 그 기준을 통과할 수 있을 뿐 아니라, 그와 더불어 디즈니월드와는 비교할 수 없는 전능하신 하나님의 위대한 동산, 온 우주를 유업으로 받는 상속자가 되었다. 우리는 그 모든 것을 소유한 자들이다. 예수 그리스도 안에 있는 모든 것이 우리 것이다. 진정한 칼빈주의는 나 같은 죄인을 향하신 하나님의 은혜와 사랑을 늘 겸손하고 행복하게 즐거워하는 삶이다. 오, 나 같은 죄인 살리신 그 은혜 놀라워.

4
선택의 비하인드 스토리

프리퀄Prequel(오리지널 영화보다 선행하는 사건을 다루는 속편) 영화는 문제를 일으킬 수 있다. 영화 〈반지의 제왕〉과 이후에 제작된 프리퀄 〈호빗〉이든, 또는 영화사에서 가장 사랑스럽지 않은 캐릭터 자자 빙크스가 나오는 〈스타워즈〉 시리즈의 프리퀄이든, 이런 것에 대해 이야기를 나누다 보면 뚜껑이 열리고 짜증이 나기 시작한다. 프리퀄이 자리하는 곳이 어디냐에 지나치게 집착하는 사람이 있는가 하면 전혀 관심 없는 사람도 있다.

하지만 나는 '제대로 된' 프리퀄을 정말 좋아한다. "아하 그랬구나!" 탄성을 지르게 되는 그 짜릿한 순간을 마다할 사람이 누가 있겠는가? 프리퀄 편에서 얻는 영화의 배경 지식은 우리가 이미 알고 있고 이미 좋아하던 그 이야기를 더 풍성하게 한다. 캐릭터들의 성격 변화, 이야기의 발단과 전개, 통찰, 그리고 여러 연결고리들. 프리퀄에서 제공하는 이 모든 것은 우리가 즐기는 영화 속 이야기를 더욱 재미나게 한다.

그리스도인이라면 누구나 즐거워할 만한 특별한 프리퀄이 있다. 예정Predestination이라는 이 프리퀄은 그리스도를 믿는 우리의 믿음에 대한 일종의 비하인드 스토리다.

이미 명부에 들어 있다

은혜의 교리의 두 번째 요지는 '전적 타락'의 교리에서 자연스럽게 제기되는 질문에 답을 제공한다. 만일 인류가 정말로 인간의 본성과 의지에서 그렇게 비뚤어져 있고 하나님께 돌아설 수 없는 무능한 상태에 놓여 있다면, 그런 사람들 가운데 누군가가 구원을 받게 되는 것은 무슨 이유에서인가? 그 해답은 무조건적인 선택Unconditional Election에서 찾을 수 있다.

내가 지금 예수 그리스도를 믿는 사람이라면, 그렇게 된 이유는 내가 구원의 필요성을 깨닫기 훨씬 이전에 이미 하나님이 나를 구원하기로 결정하셨기 때문이다. 내가 태어나기도 전에, 하나님은 이미 나를 사랑하셨다. 십자가에 못박히고 부활하신 그리스도 안에서 죄사함을 발견하고 우리 마음이 기쁨으로 뛰놀던 그 맨처음 시점에, 그 모습을 지켜보시던 하나님이 마음이 흔들려 우리를 그의 나라로 이끌어들이겠다 결심하신 게 아니란 의미다. 나의 이름은 그보다 훨씬 오래전에 이미 그 명부에 들어 있었다.

바울은 에베소서 1장에서 하나님의 놀라운 은혜를 높이 칭송하고 있다. 이 본문에서 우리는 죄인을 향한 하나님의 '주권적' 은혜에 대한 바울의 해설을 읽을 수 있다.

> 곧 '창세 전에' 그리스도 안에서 우리를 택하사 우리로 사랑 안에서 그 앞에 거룩하고 흠이 없게 하시려고 그 기쁘신 뜻대로 우리를 '예정하사' 예수 그리스도로 말미암아 자기의 아들들이 되게 하셨으니 이는 그가 사랑하시는 자 안에서 우리에게 거저 주시는 바 그의 은혜의 영광을 찬송하게 하려는 것이라(엡 1:4-6).

선택의 교리는 창세기 1장 1절의 사건이 우주의 시공간에서 펼쳐지기 이전에, 이미 삼위일체 하나님께서 타락한 죄인들 가운데 누군가를 선택하여 예수 그리스도 안에 있는 그의 자비를 받게 하셨다는 것이다. 하나님은 구원 받을 자들을 미리 택하셨다.

하나님이 엿보게 하신 천국 환상에서 사도 요한은 이 땅이

형성되기도 전에 이미 기록된 어린 양의 생명책을 보았다. 그 책에는 그리스도의 피로 구속함을 얻게 될 자들의 이름이 모두 적혀 있다(계 13:8; 21:27). 바로 지금도, 천국에 있는 어린 양의 그 생명책에는 나의 이름 '아무개'가 적힌 페이지가 있다. 잠시 당신의 이름과 그 생명책을 생각해 보라. 만일 당신이 예수 그리스도 안에 있다면, 당신의 이름도 그 책 안에 들어 있다. 당신의 그 이름은 예루살렘의 흙먼지보다 훨씬 더 오래된 잉크로 적혀 있다. 얼마나 놀라운 은혜인가!

만일 그리스도인이라면, 당신이 세상에서 첫 숨을 들이쉬기 훨씬 전에, 첫 죄를 범하기 훨씬 전에, 첫 찬송을 부르기 훨씬 전에 모든 것이 당신을 위해 예비되어 있었다. 하나님은 당신이 믿음으로 나아오게 될 것을 미리 아셨다. 하나님은 당신이 엉금엉금 기어다니기도 전에 당신의 영원한 운명을 정해 놓으셨다. 그러다 마침내 하나님은 그 독생자의 죽음과 부활을 통해 당신을 양자 삼으셨다. 그의 사랑받는 자녀로 삼으실 것은, 진즉에 미리 예정하신 일이다. 어느 날 당신의 가슴에 믿음이 뜨겁게 불타올랐을 때 하나님은 예상치 못했다는 표정으로 화들짝 놀라지 않으셨다. 하나님은 그날이 올 것을 이미 아셨다. 하나님이 계획하셨기 때문이다.

특정한 죄인들을 영원토록 구원하고자 하시는 하나님의 계획은 무조건적이었고, 지금도 무조건적이다. 하나님이 선택하시는 그 순간에 그 어떤 인간적 요소도 고려되지 않았다. 하나님 자신 외에는 그 밖에 있는 어떤 조건도 그 선택에 일조하지 않았다. 바울이 앞서 말한 바, 하나님은 온전히 자신의 "그 기쁘신 뜻대로" 선택하셨다. 스펄전은 이 부분에 대해 또 한번 강한 어조로 다음과 같이 말했다:

> 나는 선택의 교리를 믿는다. 하나님이 먼저 나를 택하지 않으셨으면, 내가 스스로 하나님을 택했을 가능성은 전혀 없기 때문이다. 나 자신이 이를 잘 알고 있다. 내가 태어나기도 전에 하나님이 나를 택하신 것이 분명하다. 그렇지 않고 이후에 나 같은 사람을 택하셨을 리는 만무하다. 나로서는 전혀 알 수 없는 이유로 하나님이 나를 택하신 것이 분명하다는 뜻이다. 나는 하나님이 그 위대한 사랑으로 나를 바라보셔야 했던 그 이유와 관련해선, 나 자신에게서는 어떤 단서도 찾지 못했다.[22]

하나님은 학교 운동장에 소집한 인류를 보시고 그 중에 최고로 뛰어나고 영리하며 재능과 은사가 특출난 사람들만 뽑아 자기 팀의 선수로 활약하도록 하신 것이 아니다. 최고의 선수 따위는 어디에도 없다. 우리 모두는 무지와 어둠이 마음에 한

---

22. C.H. Spurgeon, *The Sword and Trowel*, 38.

가득인 사람들이다. "다른 이유는 없다"고 칼빈도 말한다. "오직 하나님이 자신의 뜻 안에서 우리를 택하신 것 외에 하나님이 우리를 그의 자녀 삼으신 다른 이유는 없다."[23] 하나님은 자신의 신비롭고 자비로운 뜻에 따라, 우리로 하여금 그 은혜의 영광을 찬송하게 하기 위해 만세 전에 우리를 택하셨다.

시간의 통로, 유리구슬, 아니면 선택?

이러한 하나님의 자비로운 선택의 신비를 풀기 위해 사람들은 하나님의 예정predestination과 선지식foreknowledge을 설명하면서, 누가 장차 하나님을 선택할 자들인지를 하나님이 미리 아시고 그들을 택하셨다고 말하기도 한다. 하나님이 시간의 통로를 미리 들여다보시고, 누가 복음에 반응할지 미리 아신 것에 기초해 그들을 택하신 것일까? 성경은 그렇게 말하지 않는다. 하나님이 장차 미래에 일어날 일을 알아내고 그것을 참고하신다는 개념은 마치 마법사가 수정구슬이나 거울 또는 마법의 장신구를 만지작거리면서 아직 자신이 모르는 어떤 것에 대해 알려고 고심하는 그런 모습을 연상하게 한다. "거울아, 거울아, 누가 이

---

23. John Calvin, *Sermon on Ephesians*, 39.

복음에 반응할지 내게 보여다오." 그런 괴상한 일은 없었다. 바울은 로마서 8장에서 하나님의 주권적 은혜의 도미노 효과에 대해 이렇게 말한다:

> 우리가 알거니와 하나님을 사랑하는 자 곧 '그의 뜻대로' 부르심을 입은 자들에게는 모든 것이 합력하여 선을 이루느니라 하나님이 '미리 아신 자들을' 또한 그 아들의 형상을 본받게 하기 위하여 '미리 정하셨으니' 이는 그로 많은 형제 중에서 맏아들이 되게 하려 하심이니라 또 '미리 정하신' 그들을 또한 부르시고 부르신 그들을 또한 의롭다 하시고 의롭다 하신 그들을 또한 영화롭게 하셨느니라(롬 8:28-30).

하나님이 미리 아신 것이 있긴 하다. 즉 예정에서 하나님의 미리 아심foreknowing은 그 사람들을 미리 아셨다는 것으로 소개된다. 바울은 하나님이 (미리 아신 자들을 위해) '미리 아신' 어떤 것들이 아닌, '미리 계획하신' 그래서 돌이킬 수 없는 어떤 것들에 대해 말하고 있다. 하나님은 미리 아신 자들을 위해 그들이 어떤 삶을 살게 될지 미리 계획하신 큰 그림이 있다는 것이다. 바울이 말하는 '그들'은 누구인가? 그들은 하나님을 사랑하는 자들, 그 뜻대로 그 목적대로 부르심을 입은 자들이며, 하나님이 미리 아시고, 미리 정하시고, 부르시고, 의롭다 하시고, 영화롭게 하시는 자들이다. 존 파이퍼는 이렇게 말한다. "믿음이 선택의 조건이 되는 것은 아니다. 오히려 그 정반대다. 선택이 믿음의 조건인 것이다."[24]

그렇다면 우리가 하나님을 선택하는 것인가? 아니면 하나님이 우리를 선택하시는 것인가? 그렇다. 우리가 그리스도를 따르기로 선택하는 것과 하나님이 우리를 택하시는 것은 서로 방향이 다른 것이 아니다. 요한복음에서 예수님도 다음과 같이 말씀하시는데, 스펄전은 서로 충돌하는 듯한 이 두 진리를 조화롭게 설명해 달라는 요청을 받은 적이 있다: "아버지께서 내게 주시는 자는 다 내게로 올 것이요 내게 오는 자는 내가 결코 내쫓지 아니하리라"(요 6:37). 여기서 우리는 아버지가 아들에게 사람들을 보내시는 것을 본다. 그리고 사람들이 아들에게 오는 것도 본다. 하나님의 선택과 사람들의 선택, 이 두 가지가 한 문장 안에 다 들어 있다. 당신이라면 이 두 진리가 어떻게 서로 충돌하지 않도록 하겠는가? 스펄전의 대답은 무엇이었을까? "나는 친구들을 일부러 중재해 일치시키지 않는다."[25] 우리에 대한 하나님의 선택은 우리가 그리스도를 선택했다는 사실

---

24. John Piper, *Five Points: Towards a Deeper Experience of God's Grace*, 53.
25. C.H. Spurgeon, "High Doctrine and Broad Doctrine," in *The Metropolitan Tabernacle Pulpit Sermons*, Vol. 30, 49.

을 무효화시키지 않는다. 당신도 진심으로 주님을 택했다면 그것은 맞다. 선택의 교리는 선택의 연대기를 보여줄 뿐이다. 하나님은 당신이 그분을 선택하기 '이전에' 당신을 선택하셨다. 당신은 하나님을 믿기로 결심했다. 왜냐하면 하나님이 당신을 믿게 하기로 결심하셨기 때문이다. 하나님이 먼저 우리를 택하셨기 때문에 우리도 하나님을 택하게 된 것이다.

그렇다. 선택의 교리는 시공간에 제약을 받는 피조물인 우리의 머리로는 도저히 이해하기 어려운 하나의 놀라운 신비다. 하지만 거기에는 궁극적으로 어떤 중재나 조화가 필요하지 않다. 그리고 우리가 이 은혜의 교리에서, 그 토양에서 자라나는 열매들이 무엇인지에 주목한다면, 교리 때문에 서로 논쟁하고 싸우는 데 허비하는 시간도 많이 줄어들 것이다. 그 열매를 누리고 즐거워하는 것으로도 무척 바쁠 것이기 때문이다. 나는 우리 모두가 하나님의 이 놀라운 주권적 은혜 안에서 정말로 행복하길 바란다. 그리고 그 은혜를 정말 미친 듯이 사모하고 즐거워하느라 늘 정신없길 바란다.

하나님의 주권적 사랑 안에서 견고해지다

하나님이 나를 구원하기로 택하시는 것이 어떤 조건에 의한 것이라고 한번 상상해 보자. 나는 심각하게 불안정한 사람이 될 수밖에 없다. 의심과 두려움이 내 마음에 늘 자리하게 될 것이다. 내가 늘 정답대로 살아가고 있다고 어떻게 매일 확신할 수 있겠는가? 내가 어떤 조건에 미치지 못해 결국 하나님이 나를 포기해 버리기로 단념하신다면 어쩌겠는가?

이것을 정반대의 측면에서도 생각해 볼 수 있다. 만일 하나님이 나 자신의 어떤 조건 때문에 나를 택하시는 것이라면 나는 나 자신에 대해 매우 자랑스러워할 것이고, 그 자부심과 교만이 너무 크고 무거워 승강기조차 감당하지 못할 것이다. 만일 우리가 행한 그 어떤 행위로 인해 하나님의 호의를 얻게 된 것이라면, 우리는 하나님의 자발적인 의지에 의해 사랑을 받는 것이 아니다. 그것은 나의 지혜로운 판단에 따라 믿기로 결심하거나, 부지런히 선행을 쌓음으로써 하나님의 사랑을 내가 얻어 낸 것이 된다. 그런 것이라면 우리는 언젠가는 다시 그 사랑을 잃게 될 수 있다. 조건적 사랑은 우리를 불안하게 하고, 방어적이 되게 하며, 자신을 정당화시킬 궁리만 하게 만든다. 그렇게 살 수는 없다. 그런 삶이 끔찍하기 때문만이 아니라, 그 자체가 진실이 아니기 때문이다.

하나님은 우리가 그분을 선택했기 때문에 우리를 사랑하시는 것이 아니다. 하나님은 우리를 사랑하시기 때문에 우리를 택하셨다. 에베소서 1장 4-5절 말씀이다. "곧 창세 전에 그리스도 안에서 우리를 택하사 우리로 '사랑 안에서' 그 앞에 거룩하고 흠이 없게 하시려고 그 기쁘신 뜻대로 우리를 예정하사 예수 그리스도로 말미암아 자기의 아들들이 되게 하셨으니." 사랑이 그분의 목적이었다. 하나님은 영원한 사랑으로 우리를 사랑하시기 때문에 우리를 택하셨다. 그리고 하나님은 우리를 그의 영원한 사랑으로 이끄시기 위해 우리를 택하셨다. 우리는 하나님의 그 사랑 안에서 안도하고 견고해진다.

무조건적 선택의 교리를 아는 지식이 우리를 으쓱거리게 하지 못한다. 오히려 우리 목에서 더 힘을 빼게 한다. "모든 일을 그의 뜻의 결정대로 일하시는 이의 계획을 따라 우리가 예정을 입어 그 안에서 기업이 되었으니"(엡 1:11). 이 진리의 그 어마어마한 깊이를 깨닫는 순간, 우리는 하나님의 주권적 은혜에 크게 감동하며 경외심을 품게 될 것이다.

이 세상 그 누구도 하나님처럼 당신을 사랑한 이가 없다.

'선택'이란 이 세상에서 그 누군가가 당신을 사랑하기 전에, 하나님이 가장 먼저 당신을 사랑하셨다는 뜻이다. 전능하신 하나님이 당신을 가장 먼저 사랑하신 분이다. 당신을 향한 첫 사랑은 하나님의 사랑이다. 내가 하나님을 알지도 못하고 하나님께 부탁하지도 않았는데, 하나님이 먼저 나를 사랑으로 돌보시겠다고 영원한 계획을 세우셨다. 하나님은 우리에게 그 아들과 함께 영원한 기업을 상속받도록 스스로 결정하셨다. 혹시 다른 의견이 있는지 그 누구에게도 묻지 않으셨고, 우리에게 추천서를 요구하지도 않으셨다.

왜 하나님은 당신에게 이러한 긍휼과 자비를 베풀어 주셨는가? 하나님이 원하셨고 지금도 원하시기 때문이다. "모세에게 이르시되 내가 긍휼히 여길 자를 긍휼히 여기고 불쌍히 여길 자를 불쌍히 여기리라 하셨으니"(롬 9:15). 하나님의 자비는 그저 신비할 따름이다. 왜 하필 나에게? 왜 하필 당신에게? 왜 하필 우리에게 은혜를 베푸신단 말인가? 그 이유는 하나님이 자신의 자유로운 뜻에 따라 자비와 긍휼, 은혜와 사랑을 우리에게 나타내기로 작정하셨기 때문이다. 그러므로 이제 나는 성공했다고 자랑하지 않고, 실패했다고 좌절하지 않는다. 나는 이유를 막론하고 하나님으로부터 무한한 사랑을 받는 존재이기 때문이다. 하나님의 주권적 은혜 안에서 우리는 항상 더 견고해지고 갈수록 더 겸손해진다.

서로 사랑하도록 겸손해지다

무조건적 선택의 교리는 우리가 서로 사랑해야 하는 방식을 보여준다. 우리도 서로를 '무조건적으로' 사랑해야 한다:

> 사랑은 여기 있으니 우리가 하나님을 사랑한 것이 아니요 하나님이 우리를 사랑하사 우리 죄를 속하기 위하여 화목 제물로 그 아들을 보내셨음이라 사랑하는 자들아 하나님이 이같이 우리를 사랑하셨은즉 우리도 서로 사랑하는 것이 마땅하도다(요일 4:10-11).

여기에 사도 요한의 논지가 있다. 사랑은 하나님이 우리를 사랑하신 그것이다. 사랑은 (우리가 사랑 받기에 합당한 그 무엇을 행하지도 않았는데) 하나님이 우리를 사랑하신 그것을 말한다. 하나님이 우리를 그렇게 사랑하신다는 것을 알게 되었다면, 이제 우리도 가서 똑같은 방식으로 다른 사람들을 사랑해야 한다. 하나님의 사랑의 방식은 곧 다른 사람들을 향한 우리의 사랑의 방식이다. 그것은 무조건적이다. 그 대가로 돌아오는 것이 무엇이든, 무조건 그리고 반드시 사랑하기로 결심하는 그러한 사랑이다.

나는 신약 성경에서 이런 구절을 아직 발견하지 못했다. "상대방이 사랑받을 만하고, 그럴 자격이 있거든, 그리고 네 생각에 전적으로 동의하거든, 서로 사랑하라." 그런 것은 존재하지 않는다. 사랑한다는 것의 진정한 의미는 '은혜'가 개입될 때만 복원된다. 그리고 진정한 칼빈주의는 우리에게 '조건 없이' 서로 사랑할 것을 가르친다.

선택의 교리는 성경책이나 신학책 안에 갇혀 있는 교리가 아니다. 현실에서 경험하는 것이다. 그것은 주일 아침마다 우리를 끌어안고 악수하는 살아 있는 교리다. 어쩌면 이 선택의 교리가 당신을 (옆집에 누가 사는지도 모르는) 폐쇄적인 아파트에서 밖으로 나오게 할지도 모른다. 당신은 다양한 연령, 직업, 배경의 사람들이 모인 소그룹에서 선택 교리의 생생한 현장을 볼 수도 있다. 책을 통해 교리를 배우는 것은 어려운 일이 아니다. 그러나 우리는 하나님의 주권적 은혜 한가운데 살고 있고 사랑해야 함을 기억해야 한다. 오늘 당신이 만나는 그리스도인이, 곧 선택 교리의 증거인 것이다.

로마서 편지의 마지막 인사말에서 바울은 교회에게 이렇게 말한다. "주 안에서 택하심을 입은 루포와 그의 어머니에게 문안하라"(롬 16:13). 바울은 영원 전에 하나님이 행하신 일에 기초하여, 현재 루포를 그 관점으로 바라보고 있다. 루포는 하나님의 주권적 은혜에서 비롯된 하나의 무르익은 열매인 것이다. 그는 택함을 받은 사람이었다. 바울은 로마의 그리스도인들이 루포를 바라볼 때마다, '저 사람은 택함 받은 우리의 형제구나'라고 생각하길 원했던 것이다. 루포는 초자연적 은혜의 어마어마한 은택을 입은 수혜자였다. 마찬가지로 우리가 만나는 모든 그리스도인이 이렇게 귀한 존재란 사실을 명심해야 한다.

하지만 당신과 마음이 찰떡같이 맞아떨어지는 그리스도인 형제자매들, 별로 노력하지 않아도 서로 사랑할 수 있고, 공동체 안에서 잘 어울릴 수 있는 친구 같은 이들에게만 그런 태도를 가져서는 안 된다. 당신과 관계가 서먹하고 불편한 형제자매들은 어떻게 할 텐가? 하나님은 그들도 사랑하신다. 당신도 잘 알 것이다. 하지만 당신은 그들과 어울리는 것보다 차라리 마취 주사 없이 썩은 이를 몽땅 치료하는 게 덜 고통스럽겠다고 말할지 모르겠다. 그런 형제자매들과 대화하게 될 때 또는 그들과 모임을 갖게 될 때 당신의 마음은 무거워질 수 있다.

그런 사람들을, 이제부턴 새로운 관점에서 바라보기로 하자. 내가 요구하는 어떤 조건에 미달하는 사람들로 여기기보다, 예수 그리스도 안에서 택함 받은 사람들로 여기며 다시 바라보기로 하자. 대화할 때마다 뭔가 좀 어긋나는 그 형제조차 사실은 영원 전부터 사랑으로 택함 받은 하나님의 자녀임을 떠올리라. 그 사람도 하나님에게 매우 소중한 존재다. 따라서 당신에게도 그는 귀한 존재가 되어야 한다. 남의 대화에 항상 눈치 없이 끼어드는 사람, 문자를 너무 자주 보내는 사람, 그리고 공과 사를 잘 구분 못하는 그 사람도 성가신 존재로만 여겨선 안 된다. 그 역시 그리스도 안에서 하나님 나라를 기업으로 상속받기 위해 택함 받은 하나님 나라의 존귀한 자녀다. 하나님이 그를 사랑하신다. 그러면 당신도 그를 사랑해야 하지 않는가? 당신이 만나는 모든 그리스도인은 구원 받기로 예정된 자들이며, 비록 그럴 자격이 없음에도 하나님이 무조건 사랑하기로 결정하신 자들이다. 하나님이 이같이 우리를 사랑하셨다면 우리도 이같이 서로 사랑하는 것이 마땅하다.

우리가 하나님의 주권적 사랑에 겸손해질 때, 우리는 서로에 대해서도 겸손함 가운데 성장할 수 있다. 나 같은 칼빈주의자들은 로마서 9장 16절을 열정적으로 좋아한다: "그런즉 원하는 자로 말미암음도 아니요 달음박질하는 자로 말미암음도 아니요 오직 긍휼히 여기시는 하나님으로 말미암음이니라." 마찬가지로 우리는 로마서 12장 16절 말씀도 반드시 기억해야 한다: "서로 마음을 같이하며 높은 데 마음을 두지 말고 도리어 낮은 데 처하며 스스로 지혜 있는 체 하지 말라." 바울이 그리스도인들 사이에 서로 조화를 이루는 삶을 권면하는 이유는 항상 불화의 위험이 도사리고 있기 때문이다. 성도들 사이에 불거지는 서로 다름과 차이는 필연적인 것이다. 그러나 분열만큼은 피해야 한다. 성격 차이, 개인적 선호와 견해 차이, 정치적 또는 신학적 차이, 그리고 문화적 또는 민족적 다양성, 이 모든 것이 하나님의 무조건적인 은혜의 대상이며, 이를 통해 하나님 백성은 조화와 균형을 이루게 된다. 우리는 우리의 다름과 차이를 버릴 필요가 없다. 단지 나의 다른 어떤 부분 때문에 상대방이 손해를 보거나 원치 않는 떠밀림을 당하지 않게 하는 것이 중요하다. 우리는 서로 다른 화음으로 같은 노래를 부를 수 있다: "내가 또 들으니 하늘 위에와 땅 위에와 땅 아래와 바다 위에와 또 그 가운데 모든 피조물이 이르되 보좌에 앉으신 이와 어린 양에게 찬송과 존귀와 영광과 권능을 세세토록 돌릴지어다 하니"(계 5:13). 하나님의 어린 양이 우리를 그 거룩한 영광 가운데 하나 되게 하신다.

우리 교회의 장로들은 은혜의 교리를 자랑스러워 한다. 그들은 우리 교회의 교리적 고백에 마음을 같이하면서도 또한 다름을 인정한다. 나는 등록교인 교육 시간에 선택 교리에 대한 우리의 입장을 가르친다. 그러나 우리의 입장에 대한 그들의 동의 여부를 등록교인의 허입 조건으로 삼지는 않는다. 우리 교회에는 알미니안주의 성향의 교인들도 있고 칼빈주의 성향의 교인들도 있다. 그리고 아직 머릿속에 정리가 안 된, 또는 마음에 확신이 없는 교인들도 있다. 하지만 선택의 교리 때문에 서로 논쟁하거나 싸웠던 기억은 나지 않는다. 그 이유는 분명하다. 예수님이 가장 소중하기 때문이다. 주님이 우리를 하나 되게 하신다. 우리는 그리스도께서 우리를 사랑하신 방식대로, 우리도 서로 사랑하면서 그 은혜를 나타내고 있다. 우리는 분열을 조장하지 않고, 논쟁을 일삼지도 않으며, 자신의 교리적 신념에 자만하지 않기로 결심하고 헌신했다. 모든 형제자매를 존귀한 사람으로 대한다. 당신이 만나는 모든 성도가 하나님 나라의 존귀한 신분이며 왕의 자녀로 택함 받았음을 기억하라.

거룩, 최종 목적지

선택의 교리는 우리를 성경 논쟁을 위한 격투장보다 훨씬 더 중요한 곳으로 데려간다. 칼빈은 우리에게 이렇게 말한다. "하나님이 우리를 선택하신 목적은 우리를 거룩한 삶으로 부르시기 위한 것임을 언제 어디서나 반드시 유념하라."[26] 예정의 최종 목적지는 거룩이다. "곧 창세 전에 그리스도 안에서 우리를 택하사 우리로 사랑 안에서 그 앞에 거룩하고 흠이 없게 하시려고"(엡 1:4). 우리가 향하고 있는 종착역은 거룩이다. 우리는 그리스도의 형상, 그리스도의 성품, 그리스도의 삶의 방식으로 빚어지기 위해 택하심을 입었고 그렇게 되도록 예정되었다(롬 8:29). 선택의 교리는 우리를 교만과 자만 대신, 겸손하게 하여 거룩함으로 나아가게 한다. 하나님의 주권적 사랑은 우리를 그곳으로 이끄는 기관차다.

하나님의 주권적 사랑이 내 귓가에 처음 경적을 울리던 그 순간, 나의 심장에는 지진이 일어난 듯했다. 예정론이 나를 완전히 뒤집어버렸다. 고등학교 시절, 800여 명의 다른 동급생들 사이에서 나는 '멋짐' 따위는 코딱지만큼도 없는, 전혀 눈에 띄

---

26. John Calvin, *Sermons on Ephesians*, 36. 『장 칼뱅의 에베소서 설교』 장 칼뱅, CLC

지 않는 평범한 학생이었다. 댄스 파티에 간 적도 없고, 여자 친구를 사귀어본 적도 없다. 농구팀에 들어가기에는 키가 너무 작았고, 얼뜨기처럼 보이고 싶지 않았던 나의 계획은 어쩔 수 없는 피부 트러블과 헤어스타일 때문에 여지없이 깨지곤 했다. 교회 주일학교의 인형극 팀, 내가 들어갈 수 있던 곳은 거기뿐이었다. 나에게 고등학교란 버겁기만 한 곳이었다.

하지만 내가 이 시절을 보내며 가장 낙담했던 부분은 내가 동급생들 눈에 띄지 않는 평범한 얼뜨기라는 사실이 아니었다. 내 삶에 감춰진 죄와 위선이라는 문제였다. 나는 외설 잡지에 빠져 있는 상태에서 성경공부를 인도했고 찬양팀에서 기타를 연주했다. 무엇을 해야 할지, 누구에게 이야기해야 할지, 그리고 어떻게 멈춰야 할지 몰랐다. 수치심이 족쇄처럼 느껴졌다. 부모님이 아시면 발칵 뒤집어질 것은 뻔했다. 하지만 교회 친구들과는 진심에서 나오는 이야기를 전혀 하지 못했다. 대신 우리는 신학 토론을 벌였고 비디오 게임을 함께 했다. 불안함이 내 삶에 켜켜이 쌓여 갔다. 말 그대로 나는 루저였고, 위선자에다 역겨운 놈이었다.

그러던 어느 주일, 목사님의 에베소서 1장 3-14절 설교를 들으면서 뭔가 새로운 실마리를 얻었다. 나는 평소처럼 성경책을 베개 삼아 꿀잠을 위한 완벽한 자세를 취하는 대신, 성경을 펼쳐 뒤적이기 시작했다. 에베소서 1장의 한 구절 한 구절, 단어 하나하나를 꼼꼼히 되짚었다. 그날 교회 핑크빛 장의자에 앉은 한 소년에게 내면의 대화가 시작되었다. 그 대화는 며칠 동안 이어졌다.

"하나님이 나를 구원하기로 예정하셨다고? 나를?"

"그래."

"우주의 성운과 은하계를 말씀으로 창조하셨고, 지금도 감히 가까이할 수 없는 찬란한 빛으로 계신 그분이? 나를 선택하셨다고?"

"바울이 말하는 게 바로 그렇다니까."

"잠깐만. 한 분이신 진짜 하나님, 하늘의 천사들이 '거룩하시다, 거룩하시다, 거룩하시다' 노래하며 경배하는 그분이? 정말 그 하나님이 지구를 만들기도 전에 나를 먼저 사랑하셨다고?"

"그래, 그렇다니까. 제대로 읽었구먼."

"루저 같은 나를? 위선자 같은 나를? 외설 잡지에 빠진 나를? 전능하신 창조주가 이런 엉망진창인 나를 구원하기 원하신다고? 심지어 나를 기뻐하신다고? 어째서? 왜 하나님이 나 같은 사람을 신경 쓰시지? 난 그냥 아무것도 아닌 걸."

그리고 지진이 일어났다.

하나님의 사랑이 미지근하던 내 마음을 뒤흔들었다. 주권적 사랑이 나를 일으켜세웠다. 그 신비한 사랑의 힘이 고딩의 삶에 가득하던 불안함과 미숙함을 송두리째 씻어냈다. 하나님…하나님은 사랑이시다. 그 사랑이 나를 거룩의 길로 높이 인도했다.

하나님의 예정하심이 나의 빗나간 성적 욕구를 잠재웠다. 잠들기 전 머릿속으로 쓸데없는 상상을 하는 대신, 하나님의 사랑과 선택에 대해 생각하기 시작했다. 나는 나의 죄를 알았고, 하나님의 크신 사랑도 알게 되었다. 하나님의 주권적 은혜의 풍성함 덕분에 나의 죄는 더이상 기를 펴지 못했다.

우리는 뜨거운 신학 논쟁의 한가운데서 선택의 교리를 접할 때가 종종 있다. 하지만 본래 그것은 전투의 중심부에서 발견되도록 고안된 것이다. 선택 교리의 귀중한 진리는 성령의 날카로운 양날 선 검과 같다. 그것은 하나님의 자녀들을 향한 그분의 사랑에 대해, 우리 스스로는 취할 수 없고 다시 잃어버릴 수도 없는 그 사랑에 대해 말해 준다. 그 검으로 거대한 용들을 죽이고 우리는 위안을 얻는다. 그 검을 휘둘러 하늘의 통치자들과 권세들을(골 2:15) 무력화할 수 있다. 또한 유혹에게 느끼던 위압감에서 벗어나 우상에게서 멀어질 수 있다. 마침내 그 진리가 우리를 변화시킨다.

하나님의 사랑이 나의 마음을 사로잡았을 때, 나는 그동안 소중하게 여기던 진흙덩이들을 내려놓을 수 있었다. 해변에서의 휴식 같은 평안이 내게 찾아오는 것을 느꼈다. 나를 향한 하나님의 사랑에 시선을 고정하자, 하나님을 향한 나의 사랑도 점점 커져갔고, 죄에 대한 애착은 점점 식어갔다. "우리가 사랑함은 그가 먼저 우리를 사랑하셨음이라"(요일 4:19).

나의 꿈틀거리던 욕망의 힘을 잠재운 것은 예정론 자체가 아니었다. 예정론 안에 담긴 예수님의 사랑이 이기게 했다. 예수님, 바로 그분이 나에게 이길 힘을 주셨고 지금도 내 힘의 원천이시다. 예수님에겐 우리의 사랑을 독차지하시는 추동력이 있다. 녹슬어 버릴 수 있고 좀이 갉아먹을 수 있으며 초고속 인터넷이 망쳐놓을 수 있는 이 세상의 그 무엇과 비교해도 예수님은 나에게 가장 큰 즐거움과 활력과 만족이 되신다.

하나님의 사랑은 우리를 이끌어 그 아들의 형상으로 닮아가게 한다. 당신은 어떤 죄의 문제로 힘겹게 싸우고 있는가? 지금 당신은 무엇을 간절히 원하고 있는가? 부활하신 주님께 신실하지 못하도록 당신을 자극하고 미혹하는 것은 무엇인가? 그 죄를 정면에 마주한 채로 이렇게 선포해 보라. "나는 너를 위해 선택받은 게 아니다. 너는 나를 사랑하지 않으며, (무조건적이기는커녕) 많은 것을 요구한다. 나는 오직 그리스도의 소유다. 나는 그리스도를 닮아가도록 만들어진 존재다." 이제 돌아서라. 하나님의 사랑 안에 거하라. 당신은 이 변화를 위해 택함을 받은 사람이다.

예정과 교만의 문제

무조건적 선택 교리를 머리로만 이해할 경우, 우리는 교만해지고 예정론은 '프레너미'frenemies(친구를 뜻하는 friend와 대적을 뜻하는 enemy가 결합된 신조어)가 될지도 모른다. 교만이 그리스도인에게 사악한 대적임을 잘 알면서도, 은혜의 교리를 둘러싼 논쟁에 뛰어들 때면, 우리는 어느새 교만을 마치 아군이자 친구처럼 수용할 때가 있다. 교만과의 어떠한 관계도 깨끗이 단절해야 한다. 더이상 친구 모습을 한 대적을 곁에 두어선 안 된다.

교회 미니버스를 타고 청소년 캠프를 가던 도중 중년의 여성분이 내게 던진 질문을 결코 잊을 수 없다.

"선택 교리를 믿지 않고 거부하는 사람들을 우리는 어떻게 봐야 할까요?"

놀라서 단번에 대답하지 못했다.

"그게 무슨 말씀이죠?" 내가 물었다.

"그러니까…" 잠시 고민하는 듯하더니 몸을 기울이며 작게 말했다. "그 사람들이 구원을 받긴 했을까요?"

나는 뭐라고 대답했을까? "글쎄요, 지금 어머님이 믿고 계시는 선택 교리를 그 전에도 똑같이 믿고 계셨나요?"

그분이 미간을 찌푸리며 답했다. "물론 그건 아니었죠."

"그럼, 지금 어머님이 선택 교리를 이런 식으로 믿기 전엔 그리스도인이셨나요?"

그분은 미간을 펴고 고개를 끄덕였다.

"무슨 말씀 하시려는지는 알겠어요. 그렇지만 말이죠…"

오호! 그런 논리로 대화를 이끌어가는 내가 대단하다고 생각했다. 자부심을 느꼈다. 나도 그 여성분처럼 선택 교리를 믿지만, 최소한 다른 형제자매를 판단하지는 않았으니 말이다. 그 순간 성령이 내 어깨를 툭툭 치지 않았다면, 나의 자부심은 하늘로 올라갔을 것이다. '이봐, 자네도 종종 저분처럼 말하는 거, 스스로도 잘 알지? 저렇게 남을 판단하는 식으로 말이야.' 맞다. 나도 전에는 입술로 (최소한 생각으로라도) 사람들의 목숨을 가지고 놀았다: "저 사람들은 구원을 받기나 했을까? 예수님을 믿는다고 하면서 어떻게 선택 교리에 동의하지 않을 수 있지?" 나는 무조건적 선택의 교리를 놓고 진지하게 고민하는 중에 이런 얘기를 들은 형제자매들을 알고 있다. "당신이 이 진리에 대해 깊이 고민해 보고도 거부를 선택한다면, 그것은 성경의 권위를 거부하는 것입니다. 그건 결국 예수님을 거부하는 것이기도 하고요." 이런 태도는 우리 칼빈주의자들이 계속해서 경계해야 하는 부분이다. 예수님이 주신 구원의 본래 의미에 뭔가를 자꾸 추가하게 된다면, 우리는 결국 더 비칼빈주의적이고 오히려 더 비기독교적인 사람들이 된다. 단지 칼빈주의자가 아니라는 이유 하나만으로, 알미니안주의자들 (또는 그 어떤 사람들)의 구원에 대해 의문을 제기한다면, 그것은 오직 그리스도를 믿는 믿음에 또 다른 무엇을 추가하게 되는 것이다. 그것은 '오직 그리스도!'Christ alone로 대표되는 종교개혁의 뜨거운 외침에 찬물을 끼얹는 행위다.

우리 칼빈주의자들이 이해하는 방식과 정확히 똑같은 방식으로 선택 교리를 이해하는 것이 진정한 기독교 신앙을 갖게 하는 것도 아니고, 기독교 신앙을 파괴하는 것도 아니다. 나의 죄를 대속하기 위해 십자가에 못 박혀 죽으시고 무덤에서 다시 살아나신 예수 그리스도에 대한 믿음. 그것이 곧 기독교 신앙의 핵심이다. 각주 표기로 설명을 덧붙이지 않아도 된다. "그래, 무슨 말인지는 알겠어. 그런데 말이야"라고 말할 필요가 없다. 만일 구원과 관련해, 여기에 나의 어떤 소중한 관점을 덧붙인다면, 설령 그것이 은혜의 교리라고 할지라도, 결국 그것은 은혜를 배반하는 것이 된다.

자신은 그런 적이 단 한번도 없다고 생각한다면 착각이다. 그런 일은 가장 성숙한 신앙인들 사이에서도 충분히 일어난다. 이렇게 장담하는 이유는 그런 일이 그 유명한 사도에게도 일어났기 때문이다. 갈라디아서 2장에서, 우리는 사도 베드로가 이방인들과의 어느 식탁 교제 자리에서 물러났다는 이야기를 듣는다. 사실 베드로는 이방인들과 함께 식사하면서 그들과 친교를 나누고 서로 유쾌한 시간을 보내곤 했다. 하지만 유대인 율법주의자 무리가 마을에 당도했을 때, 베드로는 태도를 바꿨다. 그들의 비판이 두려운 나머지 아무것도 안 먹은 척 슬그머니 그 자리를 떠나버린 것이다. 그것은 베드로가 부지중에 이방인 신자들을 향한 자신의 사랑과 친교에 다른 조건을 추가한 것이나 다름없다. 베드로는 할례 받지 않은 그리스도인과는 깊은 교제를 나누지 않기로, 그렇게 해서는 안 되겠다고 결심한 것으로 보인다. 베드로는 이제 유대교의 정결법을 지키고 안식일을 준수하는 자들과 친교하는 것이 자신에게 더 용납될 만한 모습이라고 생각했다. 베드로는 어쩌면 이렇게 말했을지도 모른다. '이제는 나처럼 뇌 구조가 비슷한 유대인 신자하고만 식사를 같이 해야겠다.'

바울은 이 소식을 듣고 베드로에게 자기 생각을 말하기로, 아니 복음을 말해 주기로 결심했다. 그리고 모든 사람이 보는 앞에서 베드로와 대면한다. 베드로가 "복음의 진리를 따라 바르게 행하지 아니"했다고 말이다 (갈 2:14). 베드로와 그를 따르는 무리들은 급진적인 은혜에서 율법주의로 다시 회귀했다. 베드로가 예수님의 십자가 죽음과 부활을 부정하지는 않았다. 그러나 베드로의 행동은 복음의 본질에 다른 어떤 것을 추가한 것이나 다를 바 없었고, 결과적으로 복음을 희석시켰다. 베드로의 행동은 복음을 부정하는 위선을 몸짓으로 설교한 것이나 마찬가지였다. 즉, 예수님은 우리를 구원하기에 충분한 분이지만 우리를 하나 되게 하기에는 충분한 분이 아니라는 오해를 남긴 것이다. 그것은 오직 예수 그리스도가 우리를 구원하시지만 우리가 서로 친교를 누리려면 또 다른 조건이 더 필요하다는 잘못된 메시지였다. 베드로의 그런 행동은 사랑에서 발현된 것이 아니었다. 오히려 그것은 문자적으로든 신학적으로든, 사랑과는 동떨어진 행위였다.

우리는 얼마나 자주 이런 행동을 하는가? 우리는 그리스도인 형제자매들과의 사랑의 교제에서 예수 그리스도가 아니라 칼빈주의를 친교를 위한 더 편안한 조건으로 삼고 있지는 않은가? 우리가 노골적으로 그렇게 행하든 또는 은연중 그렇게 행하든, 선택 교리에 대한 상대방의 관점 때문에 서로 친교를 깨거나 또는 친교의 기회를 사실상 제거해 버린다면, 우리는 특정한 조건에 의거해 '사랑'하고 있다. 그것은 무조건적 선택의 교리에 대한 이율배반적 태도인 것이다.

그리스도 안에서, 그리스도를 향하여, 그리스도를 위하여

우리 마음에서 선택의 교리는 어떤 모습으로 자리하는가? 선택의 교리라고 할 때 우리는 주로 '언제, 어디서, 무엇을, 어떻게'에 대해선 생각하지만, '누가'를 빼먹을 때가 있다. 선택의 주체이신 그리스도께 영광 돌리길 잊곤 한다. 선택의 교리는 밋밋하고 지루하고 단조로운 신학 주제가 아니다. 그것은 가장 풍성한 즐거움을 맛보게 하는 그리스도의 찬란한 영광의 집약체다. 예정이 가능한 것은 그리스도의 사역 때문이다. 그리스도가 우리 죄를 대신해 십자가에서 대속적 죽음을 당하시고 죽은 자들 가운데서 다시 살아나신 초자연적 부활 사건이 있었기 때문이다. 우리는 하나님이 '택하신 자'the Chosen One(눅 23:35) 예수 그리스도 '안에서,' 예수 그리스도를 '위하여' 택함을 받았다. 우리는 하나님 아들과의 영원한 연합을 위해 예정된 자들이다. 선택 교리는 우리 믿는 자들에 관한 것이지만, 우리가 그 중심은 아니다. 선택 교리는 궁극적으로, 만물의 으뜸이 되시는 예수 그리스도에 관한 것이다(골 1:18).

하나님의 주권적 은혜가 그 사랑하시는 자 안에서 우리에게 거저 주신 바 되었다(엡 1:6). 우리가 누리는 모든 축복은 예수 그리스도 (그가 이루신 것들과 그가 부활하신 하나님의 아들 되신 것) 덕분이다. '그리스도 안에서' 새 피조물이 된 자라는 사실이 우리의 정체성을 규정한다. 우리가 맺는 모든 열매, 우리의 모든 회개, 그리고 우리가 누리는 모든 위로는 우리의 구주 메시아로부터 온다. 바울은 "하나님의 약속은 얼마든지 그리스도 안에서 예가 되니"라고 말한다(고후 1:20). 구약에서든 신약에서든, 하나님의 약속은 예수 그리스도로 말미암아 응답되고 성취되며 유지된다. 예수님은 하나님의 '택하신 자'이시다. 그 택하신 자를 통하여 하나님은 자신이 택한 백성을 모으신다. 하나님의 자비와 긍휼로 말미암아, 우리는 선택 받고 그 사랑하시는 아들과 하나가 되어 축복의 열매를 거두게 된다. 우리는:

- 그리스도와 함께 십자가에 못 박혔다(갈 2:20)
- 그리스도와 더불어 장사되었다(골 2:12)
- 그리스도의 부활 안에서 함께 부활했다(롬 6:5)
- 그리스도와 함께 하늘에 앉혀진바 되었다(엡 2:6)
- 그리스도 안에서 죄 사함을 받았다(엡 4:32)
- 그리스도 안에서 의롭다 하심을 선고 받았다(롬 8:1)
- 그리스도 안에서 새로운 피조물이 되었다(고후 5:17)
- 그리스도 안에서 거룩하게 되었다(고전 1:2)
- 그리스도 안에서 교회 안으로 들어오게 되었다(갈 3:28)
- 그리스도 안에서 하나님 나라를 함께 상속 받는 자로 부름을 받았다(엡 3:6)

이 모든 것이 다 예수 그리스도 덕분이다. 우리는 예수님께 속한 자들이 되기 위해 택하심을 받았다. 우리는 부활하신 왕을 높이기 위해 택하심을 받았다.

예정은 우리가 그리스도를 믿게 된 배경이다. 에베소서 1장은 하나님의 선택의 최종 목표에 대해 말하고 있다: 하나님의 은혜를 찬송하는 것이다. 내가 확신할 수 있는 것 하나, 그리스도인 형제자매들의 신학적 관점에 우리가 선택 교리로 한 방 먹이는 것이 하나님이 우리를 택하신 목적이 아니라는 것이다.

선택 교리의 참된 목적은 창세 전에 아무 조건 없이 그 기쁘신 뜻에 따라 우리를 택하신 그 분, 그때부터 지금까지 그리고 앞으로 100만 년 동안 (그 후로도 영원 무궁히) 우리를 사랑하시는 하나님을 찬양하는 것에 있다. 이 놀라운 은혜가 우리 모두의 심령을 감동해 진심으로 하나님을 경배하게 되길 바란다. 머리로만 아니라 온 마음으로 경배하길 바란다. 진정한 칼빈주의는 선택과 관련한 끝없는 논쟁을 즐기거나, 나 자신과 다른 관점을 지닌 사람들의 구원에 대해 의문을 품는 것에 있지 않다. 우리에게 주어진 은혜의 진정한 의미는 우리가 더 겸손해지고, 더 거룩해지며, 더 사랑이 많은 사람들이 되는 것, 무조건적으로 그렇게 되는 것에 있다.

5
아름다운 속죄

초콜릿을 좋아하는 나의 아내 나탈리의 입맛은 다소 고급스럽다. 특히 다크초콜릿 같은 종류에 어쩔 줄 몰라 하는데, 펜실베이니아에서 제조되어 텍사스 행 화물차로 운송되었다가 상점에 몇 주 동안 진열되는 일반 초콜릿에는 아예 관심이 없다. 아내가 좋아하는 종류는 신선한 카카오로 만든 초콜릿이다. 우리 집에서 겨우 2.5킬로미터 떨어진 곳에 텍사스의 첫 빈투바 초콜릿(카카오 재배에서 완제품 공정까지 함께 이루어져 생산된 초콜릿-옮긴이) 상점이 위치해 있다. 우리는 정말 축복받은 부부, 특별한 은총을 입은 가정이 분명하다. 신선하고 다크한 7달러짜리 초콜릿이 이렇게 가까운 곳에 있다니!

내가 초콜릿 바 한 뭉치와 트러플 초콜릿 한 박스를 안고 집에 돌아오면, 딸아이는 눈을 휘둥그렇게 하고는 꺅꺅 소리를 낸다. "와, 맛있겠다! 아빠, 그것들 다 내거죠?" '오, 아니야. 너는 그냥 싼 거 먹어. 이 비싼 것들은 네 엄마를 위한 거야. 내 아내만을 위한 것들이지. 나의 선물이 누구를 위한 것인지는 다 의도되어 있단다.' 내가 초콜릿 바와 트러플을 고를 때, 계산대 앞에 줄서서 기다릴 때, 신용카드를 긁을 때, 그리고 영수증에 인쇄된 총금액에 대해서는 모른 척할 때, 내 마음에는 이미 사랑하는 아내의 모습이 그려져 있다. 물건을 싣고 운전석에 오르면서 나도 모르게 미소를 짓는다. 내가 사온 초콜릿들을 보고 아내가 환하게 웃는 장면이 상상되기 때문이다.

내가 사온 다크초콜릿은 특정한 한 사람, 아내 나탈리를 위한 것이다. 내가 계획적으로, 의도적으로, 사랑하는 마음으로 그것을 구매하여, 계획적으로, 의도적으로, 사랑하는 마음으로 아내에게 전달하는 선물이다.

내 아내가 다크초콜릿을 좋아한다는 사실을 예수님의 십자가 죽음, 그리스도의 대속적 죽음과 관련해 언급하면, 이상한 소리처럼 들릴 것이다. 하지만 어떤 면에서 우리는 매우 닮은 한 가지 사실을 이야기하고 있다. 의도적이고 계획적으로 준비된 선물, 그리고 그 선물을 받게 될 의도된 대상. 우리가 속죄atonement의 범위에 대해 논할 때, 그것은 속죄하시는 이Atoner의

의도에 대해 이야기하는 것이기도 하다.

무조건적 선택이 대부분의 그리스도인들 사이에서 논쟁을 불러오는 튤립^{TULIP} 교리의 한 꽃잎이라면, 제한 속죄$^{Limited\ Atonement}$는 칼빈주의자들 내부에서, 우리 사이에서 논쟁거리가 되는 주제라고 할 수 있다. 그 때문에 이 교리를 제외한 4대 교리만 받아들이는 칼빈주의자도 있다. 심지어 "젊고, 지치지 않고, 개혁을 추구하는" 무리들 중에서도, 제한 속죄의 교리는 말 그대로 제한적으로 받아들여지고 있다. 말 그대로 튤립 교리에서 가장 인기 없는 주제다. 그 이유는 무엇일까?

제한을 멈추자

제한 속죄 교리는 그 가르치는 내용과 방식 때문에 많은 사람들에게 호응을 얻지 못하고 있다. 이 교리는 처음부터 부정적으로 시작한다. 예수님이 위하여 죽지 않은 자들, 즉 예수님의 대속적 죽음의 효력이 선물로 의도되지 않은 자들이 누구인지를 전문적으로 파헤치는 이같이 냉담하고 무심한 진술은 호응을 얻기가 쉽지 않은 법이다. 또한 성경의 전반적인 어조와도 조화를 잘 이루지 못한다. 은혜의 복음이 선포하는 것은 예수님이 무엇을 행하셨는가에 있지, 예수님이 무엇을 행하지 않으셨는가에 있지는 않다. '너희들아 들어라! 너희들아 들어라! 예수님이 너희들을 위해서는 죽지 않으셨다!' 아마도 이런 외침일 것인데, 아무래도 어색하다. 그런 소리를 듣고 싶은 사람은 아무도 없을 것이다. 그런 식의 말은 듣고 싶지 않은 것이 정상이다. 우리는 예수님이 행하신 일이 무엇인지, 예수님이 우리를 위해 이루신 일이 무엇인지, 그리고 예수님이 죄인들에게 주시는 것이 무엇인지를 이야기해야 한다.

속죄에 관한 대화를 부정적 측면에서 시작한다면 부정적인 결과를 예상하지 않을 수 없을 것이다. 나도 이런 대화를 해본 적이 있다. 나는 제한 속죄에 대한 논리로 사람들을 그들의 어설픈 신학에서 해방시킬 수 있을 것이라 자부하는 부정적인 신칼빈주의자로 살아왔다. 지금까지 내가 과연 몇 사람이나 설득시킬 수 있었겠는가? 그 수는 내가 작년에 먹어치운 브로콜리의 개수와 같다. 제로다. 반면 내가 격하게 달궈버린 대화는 얼마나 될까? 그 수는 내가 지난 달 해치운 달콤짭짜름한 또띠아 과자 개수와 같다. 헤아릴 수가 없다. 그러니까, 우리는 틀을 재구성할 필요가 있다. 우리는 튤립 꽃에 아름다운 향기를 불어넣기 위해 잠시 뒤로 물러서 볼 필요가 있다.

만일 우리가 죄인들을 위한 예수님의 십자가 죽음을 선포하는 것보다 속죄의 범위에 대해 논쟁하길 더 원하고 있다면, 우리는 예수님의 속죄 사역을 오해하고 있는 것이다. 하나님의 아들이 누군가를 위해 죽으셨다는 그 진리 자체만으로 우리는 경이로움에 충만해 있어야 한다. 속죄의 범위에 대해 경고를 날리기 위해 철천지원수를 만나러 가는 대신, 우리는 모든 걸음을 멈추고 예수님의 속죄 앞에 놀라움과 감탄을 금치 못해야 한다. 세상이 도무지 상상할 수 없는 수준까지 자신을 완전히 낮추셨던 예수님의 겸손을 진지하게 생각해 보라. 우리 같은 죄인들을 살리시기 위함이 아니었는가? 어찌 경탄해 마지 않을 수 있겠는가? 예수님은 우리처럼 자비란 눈곱만큼도 없는 사람들에게 그러한 친절과 자비를 베푸셨다.

명확하게 규정하다

튤립 교리에 대해 저술하고 강연하는 대부분의 사람들처럼, 나 역시 '제한'limited이란 단어를 이 요지의 표제로 사용하지 않는 것을 제안하고자 한다. '특정적 구속'particular redemption, 또는 내가 개인적으로 가장 선호하는 표현인, '한정 속죄'definite atonement 같은 표현이 그 전달하고자 하는 요지를 더 잘 대변하는 것으로 보인다. 물론 그럴 경우, 약자로 표기한 단어 튤립TULIP이 튜딥TUDIP이 될 위험에 처하겠지만 말이다. 제한limited 속죄란 표현은 예수님의 십자가 죽음이 우리 모두를 우리의 모든 죄에서 구속하기 위한 충분한 능력을 갖지 못한 것처럼 들릴 수 있다. 마치 예수님의 죽음이 뭔가 하나가 빠진 것처럼 느껴질 수 있다는 것이다. 결코 그렇지 않다. 예수님의 죽음은 그 능력에서든, 충분성에서든, 또는 그 계획에 있어서든 전혀 어떤 한계를 지니고 있지 않다. 우리 구주의 죽으심으로 인한 충격파는 우리가 '제한'이란 단어를 들을 때 우리의 생각이 도달할 수 있는 길이보다 파장이 훨씬 크며 결코 그것보다 작지 않다. 이 단원의 끝에서 우리는 파도를 타고 마침내 새로운 육지에 도달할 것이다. 그때까지 조금만 기다리라.

우리가 '한정 속죄'definite atonement의 의미를 규정하고 '제한'이란 용어 사용에서 우리 자신을 제한하기 전에, '제한'limited이란 단어와 관련해 반드시 짚고 넘어가야 할 부분이 있다. 즉 거의 모든 사람들이 예수 그리스도의 속죄를 어떤 식으로든 '제한' 시키고 있다는 것이다. 복음에 대한 반응 유무와 상관없이 그리스도의 죽음은 모든 사람을 구원한다고 믿는 보편구원론자universalist가 아닌 이상, 우리 모두는 사실상 예수님의 속죄의 효력을 제한 또는 한정시키고 있는 것이 맞다. 모든 정통 그리스도인은 예수님의 십자가 죽음이 자신의 죗값을 대신한 것이라고 믿는 사람에게만 효력이 있다고 믿으며, 그렇게 속죄의 효력을 '제한'한다.

제한 속죄에 대한 칼빈주의 교리는 속죄의 범위를 제한하면서도 그 효력을 정확히 표현하고 있다. 예수님의 죽음은 자기 백성을 특별히 그들의 죄에서 구속해 냈다. 한편으론 제한 속죄를 거부하면서 다른 한편으론 보편구원론 또한 거부하는 그런 입장을 고수하는 것은 속죄의 범위는 확장시키고자 하면서 그 효력은 여전히 제한시키고자 한다는 의미다. 하지만 예수님의 죽음은 모든 인류의 구원(구속)을 가능하게 만들었다. 우리가 복음을 거부할 때, 그것은 (구속의) 적용을 제한시키거나 그 성취를 제한시키게 된다.

예수님은 속죄를 이루신 것인가? 아니면 속죄를 획득 가능한 것으로 만드신 것인가? 구원은 성취된 것인가? 아니면 구원이 단지 가능해진 것인가?

한정 속죄의 교리는 화재 난 건물에서 우리가 탈출할 때, 단지 예수님이 탈출할 길을 마련해 주면서 우리에게 어서 달리라고 지시하신 것에 그친 것이 아니라고 말해 준다: "얘들아, 내가 길을 확보해 놨다. 어서 달려!" 아니다. 한정 속죄는 예수님 자신이 그 길이라고 말한다. 건물이 불에 타 무너지려는 순간, 예수님은 혼미해진 우리를 들쳐업으시고, 자신의 머리카락을 불길에 그슬리며, 우리에게 호흡을 불어넣으시고, 우리를 창문 밖으로 던지셨다. 그런 후 우리 죄로 인한 하나님의 진노와 공의의 심판으로 모두 불에 탄 건물이 예수님에게로 무너져내렸다. 예수님의 죽음이 우리를 구원했다. 마침표. 그것은 과거완료다.

5 아름다운 속죄

예수님의 죽음이 율법의 저주에서 우리를 구속했다(갈 3:13). 존 머레이는 그것을 이렇게 요약했다. "그리스도는 자기 백성이 구속함을 입을 수 있는 상태가 되게 하려고 오신 것이 아니다. 예수님은 자기 백성을 위해 친히 자신을 대속물로 내어주기 위해 오셨다."27

우리 주 예수님이 "다 이루었다!" 선포하셨던, 그리스도의 피 묻은 십자가는 전에 계획된 모든 것을 정확하게 성취해 냈다. 예수님은 모든 족속과 방언과 백성과 나라 가운데에서 사람들을 피로 사서 하나님께 드리셨다(계 5:9). 계획된 것이 모두 성취되었다. 데이비드 깁슨과 조나단 깁슨은 '한정 속죄'definite atonement란 표현을, 다소 놀라운 뜻밖의 단어, '아름다운'beautiful과 연관 지으며 이렇게 말한다:

> 한정 속죄는 아름답다. 그 이유는 그의 원수를 물리치고 아버지의 백성을 구해 내기 위해 이 땅에 오신 전사-아들Warrior-Son의 이야기를 들려주기 때문이다. 그는 양들을 위해 자기 목숨을 버리는 선한 목자다. 신부를 위해 자신을 내어주는, 사랑이 많은 신랑이다. 그는 자기 영토의 백성들에게 자신의 전리품을 아낌없이 나

---

27. John Murray, *Redemption Accomplished and Applied*, 63. 『존 머레이의 구속』, 존 머레이, 복있는 사람

눠주는 승리의 정복자 왕이다.[28]

속죄를 '한정' 속죄로 규정하는 것이 '제한' 속죄로 규정하는 것보다 훨씬 더 나은 선택이다. 한정 속죄는 예수님이 '행하지 않으신 것'에 초점을 두는 것이 아니라, 예수님이 '행하신 것'에 다시 초점을 맞춘다. 죄인들의 십자가에서 죽으셨을 때, 예수님은 자기 백성의 죄를 취하셨고, 그 값을 지불하셨으며, 자기 백성 (곧 자신의 양들과 신부와 교회)에게 자신의 의를 전가해 주셨다 (고후 5:21). 한정 속죄는 예수님의 죽음으로 말미암아 그리스도를 믿는 모든 자의 죄 값이 (명확하게, 뚜렷하게, 확실하게, 의심의 여지 없이, 절대적으로, 틀림없이) 지불된 것을 의미한다.

분명한 계획과 의도로

한정 속죄 (즉 하나님의 어린 양의 죽음)은 무조건적 선택에서 그 다음으로 자연스럽게 이어지는 논리다. 하나님의 어린 양은 어린 양의 생명책에 기록된 사람들을 위해 죽임을 당하셨다. 아버지

---

28. Ed. Jonathan and David Gibson, *From Heaven He Came and Sought Her: Definite Atonement in Historical, Biblical, Theological, and Pastoral Perspective*, 17.

5 아름다운 속죄

가 창세 이전에 특별히 택하신 자들, 그 특정한 자들을 위하여 아들이 십자가에서 죽으셨다. 하지만 나는 단순히 한정 속죄가 예정에서 귀결된 논리적 결과라는 이유 하나만으로 우리가 그것을 믿어야 한다고 생각하지는 않는다. 단지 논리가 그럴싸하고 납득이 간다고 해서 무조건 믿는 것은 아니다. 그것이 오직 성경에서 확인될 경우 믿어야 하는 것이 맞다. 칼빈주의자들의 주장이라고 해서 검증 없이 다 받아들이지 말기 바란다.

마태는 자신이 기록한 복음서의 첫 장에서부터, 예수님이 이 땅에 오셔서 죄에서 구원하실 자들이 누구인지를 언급하고 있다. 요셉의 꿈에 주의 사자가 그에게 나타나 요셉의 약혼녀 마리아가 성령으로 잉태했음을 전하면서 이같이 말한다:

> 아들을 낳으리니 이름을 예수라 하라 이는 그가 '자기 백성'을 그들의 죄에서 구원할 자이심이라 하니라(마 1:21).

여기서 '그의 백성'his people(개역개정은 '자기' 백성)이란 표현이 어떤 구별을 드러낸다. 예수님의 이름 자체에도 명확한 의도와 뜻이 들어 있다. 하나님이 구원하신다.

예수님은 공생애 기간 동안 자신이 누구인지 그리고 누구를 위해 십자가를 향해 가는지를 분명히 말씀하셨다:

나는 선한 목자라 나는 '내 양'을 알고 양도 나를 아는 것이 아버지께서 나를 아시고 내가 아버지를 아는 것 같으니 나는 '양을 위하여' 목숨을 버리노라 또 이 우리에 들지 아니한 다른 양들이 내게 있어 내가 인도하여야 할 터이니 그들도 내 음성을 듣고 한 무리가 되어 한 목자에게 있으리라(요 10:14-16).

예수님은 '모든 사람'이 다 자기에게 속한 자라고 여기지 않으셨다. 우리가 마태복음에서 보듯이, 예수님에게는 자신에게 속한 백성이 별도로 있었다. 바로 예수님의 '양들'이다. 예수님은 자신이 누구를 위해 십자가에서 죽을지 정확히 아셨다. 예수님은 자기 양들을 위하여 참혹한 십자가에서 죽으셨다. 단지 이스라엘의 양들만이 아니라, 시공간을 초월해 존재하는 예수님의 모든 양들을 위해 죽으셨다. 절반은 멕시코 혈통이고 또 완전히 텍사스 사람인 바로 나 같은 양도 포함된다. 만일 당신이 예수님을 믿는다면, 예수님은 단지 당신 '같은' 사람을 위해서가 아니라 실제로, 명확하게, 한정적으로 '당신'을 위해 죽으셨다.

예수님이 모든 사람을 위해 죽으셨다

예수님은 자기 백성을 위해 죽으셨다. 하지만 또 한편으로, 성경은 예수님이 모든 사람을 위해 죽으셨다는 점도 분명히 진술한다. "하나님은 한 분이시요 또 하나님과 사람 사이에 중보자도 한 분이시니 곧 사람이신 그리스도 예수라 그가 모든 사람을 위하여 자기를 대속물로 주셨으니 기약이 이르러 주신 증거니라"(딤전 2:5-6). 칼빈 자신도 '모든 사람'all은 보편적이고 포괄적인universal 만인을 일컫는다고 말한다:

> 보편적이고 포괄적 용어인 '모든 사람'은 각 사람 개인들을 가리키는 것이 아니라 다양한 신분 계층을 가리키는 것이 분명하다. 마치 유대인들만 아니라 이방인들도, 비천한 자들만 아니라 고관들도 그리스도의 십자가 죽음으로 구속함을 받았다고 말하는 것과 같다. 따라서 바울은 그리스도의 죽음의 유익이 만인에게 보편적으로 주어지길 바라고 있다는 점 때문에, 구원의 소망으로부터 누구든 내쫓으려고 하는 사람들에게서, 그리고 그들의 견해에 의해, 모욕을 받고 있다.[29]

---

29. John Calvin and William Pringle, *Commentaries on the Epistles to Timothy, Titus, and Philemon*, 57.

여기서 칼빈이 주장하고 있는 것과 주장하고 있지 않는 것에 주목해 보자. 예수님이 모든 사람을 위해 죽으셨다는 점을 성경에서 진술할 때는, 그것은 예수님이 '모든 부류의 사람들'all kinds of people을 위해 죽으신 것을 의미한다고 칼빈은 주장하는 것이다. 당신이 눈동자를 굴리며 어이없어 하지 않아도 된다. 나도 그런 말은 논쟁에서 빠져나가기 위한 교묘한 잔꾀처럼 보일 수 있다고 생각한다. 하지만 그렇지 않다. 이것은 실제로 신약에서의 논쟁과 결을 같이 하는 주장이다.

초대교회 성도들을 힘들게 했던 만성적 병폐 가운데 하나는 유대인과 이방인/헬라인들과의 긴장 관계였다. 수 세기 동안의 오랜 분열 끝에 그리스도께서 유대인과 이방인을 하나 되게 하셨다. 막힌 담을 허신 예수 그리스도로 말미암아, 그들은 서로 화합을 이루느라 힘겨운 시간을 보내야 했다. 하지만 복음의 진리는 이렇게 외친다. "유대인이나 헬라인이나 차별이 없음이라 한 분이신 주께서 모든 사람의 주가 되사 그를 부르는 모든 사람에게 부요하시도다"(롬 10:12). (유대인이든 헬라인이든 차별 없이) 모든 사람의 주가 되시는 분이 그를 부르는 모든 사람에게 복을 주신다. 유대인뿐 아니라 모든 부류의 죄인이기도 하다. 예수님은 아무 차별 없이 모든 부류의 죄인을 위해 속죄를 이루셨다.

바울은 이러한 진리를 강조하기 위해 다음과 같이 표현하고

있다: 예수님은 유대인, 헬라인, 여자, 남자, 부요한 자, 가난한 자, 노예, 자유인 등 모든 사람을 위해 죽으셨다:

- 오직 부르심을 받은 자들에게는 '유대인이나 헬라인이나' 그리스도는 하나님의 능력이요 하나님의 지혜니라(고전 1:24).
- 우리가 '유대인이나 헬라인이나 종이나 자유인이나' 다 한 성령으로 세례를 받아 한 몸이 되었고 또 다 한 성령을 마시게 하셨느니라(고전 12:13).
- 너희는 '유대인이나 헬라인이나 종이나 자유인이나 남자나 여자나' 다 그리스도 예수 안에서 하나이니라(갈 3:28).
- 거기에는 '헬라인이나 유대인이나 할례파나 무할례파나 야만인이나 스구디아인이나 종이나 자유인이' 차별이 있을 수 없나니 오직 그리스도는 만유시요 만유 안에 계시니라(골 3:11).

이 부분과 관련한 조나단 깁슨의 언급은 우리의 이해에 도움이 된다:

바울이 그리스도의 속죄와 관련하여 때로 보편적이고 포괄적인 언어를 사용하는 이유는 소수의 특정 엘리트에게만 구원이 주어지는 것처럼 조장하던 이단들을 교회 내에서 바울이 대면하고 있었기 때문이다. 바울은 그런 맥락에서 더 단호하게 말한다: 그리스도는 모든 사람을 위해, 온 세상을 위해, 유대인과 헬라인 모두를 위해 죽으셨다…이런 관점에서 '모든 사람을 차별 없이'$^{all\ without\ distinction}$라는 의미는 그 실제 의미대로 이해되어야 한다: 그것은 어떤 부류의 사람도 배제되지 않고 모두 다 포함되는 포괄적인 구원이 차별 없이 제공된다는 의미다: 이방인도 배제되지 않고, 여성도 배제되지 않고, 노예도 배제되지 않고, 야만인도 배제되지 않고, 어린아이도 배제되지 않고, 노인도 배제되지 않고, 가난한 사람도 배제되지 않고, 백인도, 흑인도, 그 누구도 배제되지 않는다는 의미다![30]

예수님의 속죄가 온 세상의 죄를 위한 것이라고 선포하는 요한도 바울과 똑같은 진리를 강조하고 있다. "그는 우리 죄를 위한 화목 제물이니 우리만 위할 뿐 아니요 온 세상의 죄를 위하심이라"(요일 2:2). 예수님은 온 세상을 위해 죽으셨다. 말 그대로 온 세상을 의미한다. 하지만 우리는 여기서 딜레마에 빠진다.

튤립 교리의 다섯 가지 요지를 모두 옹호하는 칼빈주의자들은 때론 온 세상이 온 세상을 의미하는 것은 아니라고 주장하는 것 때문에 비난을 받기도 한다. 현실적으로, 우리가 보편구원론자^{universalist}가 아닌 이상, 우리 모두는 예수님이 세상을 위

---

30. *From Heaven He Came and Sought Her*, 330.

해 죽으셨다는 그러한 진술을 어떻게 이해해야 할지 매우 고심한다. 요한일서 2장 2절을 아무런 신학적 해석 없이 문자 그대로 받아들인다면, 예수님이 이 세상 모든 사람, 각 개인들을 모두 다 이미 구원하셨다고 생각할 수 있을 것이다. 하지만 우리는 성경의 다른 본문들을 통해 요한이 말하는 것이 그런 의미가 아님을 알게 된다. 요한일서 본문에서도, 사도 요한은 "하나님의 자녀들과 마귀의 자녀들"을 명확히 구분한다. 그리고 "예수께서 그리스도이심을 믿는 자마다 하나님께로부터 난 자니 또한 낳으신 이를 사랑하는 자마다 그에게서 난 자를 사랑하느니라"고 말한다(요일 3:10; 5:1). 그의 복음은 명확하다: "영접하는 자 곧 '그 이름을 믿는 자들에게는' 하나님의 자녀가 되는 권세를 주셨으니"(요 1:12). 이처럼 우리가 성경의 다른 본문들을 무시하지 않고자 한다면, 요한이 '세상'이란 단어를 쓸 때 그것을 어떤 의미로 사용하는지 뉘앙스를 파악해야 한다.

예수님은 세상의 구주시다. 예수님은 이 세상, 그 어느 곳에서든, 그 누구든 예수님을 영접하는 사람의 구주가 되신다. 예수님은 정말로 세상의 구주시다. 세상 모든 곳에서 택함을 받은 양으로 규명되는 자들, 즉 예수님을 영접하는 모든 사람의 구주가 되신다. 모잠비크에서 맨해튼에 이르기까지 온 세상 모든 사람이 예수님으로 말미암아 구원을 받을 수 있다. 바울처럼 요한 역시, 예수님은 어느 특정 지역의 또는 특정 인종만의 구주가 아니란 사실을 알려준다. 이 세상의 유일한 구주는 오직 예수 그리스도다. 오직 예수님의 죽음 하나로 이 세상의 모든 사람을 구원하기에 충분하다. 예수님은 이스라엘과 인근 지중해 사람들만 아니라, 그 외에 다른 모든 사람에게도 구주가 되신다. 예수님은 온 세상의 구주시기 때문이다. 이런 사실은 예수님이 죽임 당하시기 직전 당시 대제사장이 했던 발언을 요한이 언급하는 것에서 드러난다: "이 말은 스스로 함이 아니요 그 해의 대제사장이므로 예수께서 그 민족을 위하시고 또 그 민족만 위할 뿐 아니라 흩어진 하나님의 자녀를 모아 하나가 되게 하기 위하여 죽으실 것을 미리 말함이러라"(요 11:51-52). 예수님은 단지 이스라엘이란 울타리 안에서만 자신의 양들을 소유하신 것이 아니다. 주님의 양들은 전 세계 모든 민족, 언어, 인종 가운데 흩어져 있다.

예수님의 죽음과 온 우주

이 세상을 위한 예수님의 죽음에는 또 다른 측면이 하나 더 있지만, 우리는 그것에 대해서는 별로 언급하지 않는 편이다.

신약에서 '세상'world은 사람들의 집합 이상의 의미를 지닌다. 이 세상은 종종 우리가 살아가는 세계 그 이상을 의미한다. 그것은 우주이고 천지만물이다. 속죄의 범위에 대해 생각할 때, (우리가 한정 속죄를 받아들이든 그렇지 않든 관계없이) 우리 모두는 의도치 않게 예수님의 죽음이 미친 엄청난 파급력을 간과하기도 한다.

주 예수 그리스도께서 행하신 그 일로 인해 '온 우주'가 유익을 누리고 있다.

어떤 면에서는 예수님이 흰동가리를 위해 죽으셨다고도 말할 수 있다. 예수님의 죽음은 에베레스트 산에도 영향을 미쳤다. 예수님의 죽음으로 말미암아 별들과 퀘이사 및 은하계들도 복을 받았다. 물론 예수님이 우리 발밑에 있는 흙의 죄를 위해 죽으신 것은 아니다. 하지만, 한편으로 예수님은 그 흙을 밟고 있는 사람들의 죄로 인해 야기된 무거운 짐과 썩어짐 그리고 탄식으로부터 그 흙을 해방시키기 위해 죽으신 것이 맞다. 예수님의 죽음과 부활은 그가 다시 오실 때 온 우주만물을 새롭게 하실 것에 대한 보증인 것이다. "보좌에 앉으신 이가 이르시되 '보라 내가 만물을 새롭게 하노라' 하시고 또 이르시되 이 말은 신실하고 참되니 기록하라 하시고"(계 21:5).

예수님은 어떤 의미에서는 파인애플, 분재 나무, 심지어 브로콜리까지도 구속하고 계신다. 세상 죄에 대한 예수님의 완전한 승리는 온 우주만물이 (마지막 날에 이르러) 하나님의 신성한 휴지통에 버려질 필요가 없음을 의미한다. 예수님이 죽음의 권세를 이기신 이래로, 지금까지 모든 피조세계는 하나님의 자녀들이 새롭게 될 그날을 고대하고 있다. 자기들이 그 다음 순서이기 때문이다:

> 피조물이 고대하는 바는 하나님의 아들들이 나타나는 것이니 피조물이 허무한 데 굴복하는 것은 자기 뜻이 아니요 오직 굴복하게 하시는 이로 말미암음이라 그 바라는 것은 피조물도 썩어짐의 종 노릇 한 데서 해방되어 하나님의 자녀들의 영광의 자유에 이르는 것이니라(롬 8:19-22).

그리스도의 죽음에는 하늘과 땅의 모든 것을 혁신할 수 있는 에너지가 충만하다. 예수님의 죽음에는 우리가 생각하는 그 이상을 넘어서는 막강한 권세와 능력이 있다. 그리스도의 십자가가 우리를 우리 죄에서 자유케 한 것처럼, 그 십자가는 태양계의 토성과 그 토성의 고리를 모든 썩어짐에서 해방시켰다. 그리스도의 속죄는 우리가 느끼고 깨닫는 것보다 그리고 우리가 실제로 아는 것보다 훨씬 더 강력하고 광범위하게 영향을 미치는 하나님의 위대한 능력이다.

그리스도의 속죄가 우리를 확실히 겸손하게 한다

잠시 읽기를 멈추고, 그리스도의 속죄로 인해 우리가 어떤 사람이 되었는지, 우리가 어떤 존재로 규명되는지 생각해 보자.

나는 죄인으로, 우주의 범법자로 태어났다. 나는 하나님의 법을 분명히 위반했다. 나는 전능하신 하나님 앞에서 유죄가 확정 선고된 사람이다. 이것이 내 모습이다. 또는 과거의 내 모습이다.

하지만 예수님이 오셔서 나의 특정한 죄 문제를 다루셨다. 예루살렘의 그 십자가 아래서 그리스도의 피가 그 흙으로 스며들었을 때 주님은 자신의 피로 나의 죄 값을 치르셨다. 주님은 나의 죄를 대신해 죽으셨다. 주님은 나를 위해 죽으셨다.

사랑하는 형제자매여, 한정 속죄의 교리는 예수님이 바로 당신을 위해 죽으셨음을 상기시켜준다. 예수님은 특별히 당신을 마음에 품으셨다. 태어나서 죽음을 맞기까지, 당신이 저지른 죄는 예수님이 전부 다 가져가셨다. 예수님은 당신의 죄책, 당신의 수치, 당신의 죽음도 친히 예수님 자신의 몫으로 돌리셨다. 의도적으로, 구체적으로, 의식적으로 그렇게 하셨다. 따라서 당신이라는 존재는 당신의 특정한 죄를 위한 예수님의 특별한 죽음에 의해 재정의된다. 예수님은 이름도 알지 못하는 사람들, 신원이 확인되지 않은 막연한 누군가를 위해 죽으신 것이 아니다. 예수님은 오직 자신의 양들을 위해 죽으셨다. 예수님은 자기 양들의 이름을 다 아시고 그 양들 하나하나를 위해 십자가에 달리셨다. 예수님은 그들 하나하나를 아시고, 그들 하나하나를 모두 사랑하신다. 예수님은 당신의 모든 잘못, 죄, 어리석은 짓을 전부 알고 계셨다. 그럼에도 당신을 사랑하셨기 때문에 로마 군병들이 예수님의 손과 발에 대못을 박아 십자가에 매달도록 허락하셨다. 당신을 사랑하셨기 때문에. 이제 바울의 고백에 동참하지 않겠는가? "내가 그리스도와 함께 십자가에 못 박혔나니 그런즉 이제는 내가 사는 것이 아니요 오직 내 안에 그리스도께서 사시는 것이라 이제 내가 육체 가운데 사는 것은 나를 사랑하사 나를 위하여 자기 자신을 버리신 하나님의 아들을 믿는 믿음 안에서 사는 것이라"(갈 2:20).

예수님은 우리 한 사람 한 사람을 개인적으로 사랑하셨다. 그리고 특정한, 명확히 한정된 우리 한 사람 한 사람을 위해 자기 자신을 버리셨다.

우리 주 예수님이 이루신 한정 속죄가 우리의 마음에 가 닿을 때, 우리는 그 속죄에 대해 온전히 감사하게 될 것이다. 그것은 더이상 분열을 일으키는 교리 논쟁에 머물지 않게 될 것이다. 그것은 타의 추종을 불허하는 사랑이며, 우리 자신을 무너뜨리는 놀라운 사랑이다. 존 파이퍼는 이렇게 말한다:

하나님은 그 아들의 신부[교회]가 단지 세상이 품는 일반적인 사랑으로 사랑받는다고 느끼길 원하지 않으신다. 하나님은 그 아들의 신부가 창세 전부터 품으신 하나님의 특정하고도 각별한 애정을 감개무량하게 느끼길 원하신다. 하나님은 우리 자신이 나 각 사람에게 하나님의 사랑이 초점 맞춰져 있음을 느끼길 바라신다: '내가 너를 택했노라. 내가 너를 소유하기 위해 내 아들을 보내어 죽게 하였노라.'[31]

하나님의 특정한 사랑, 대상이 명확한 하나님의 그 사랑은 새로운 방식으로 우리를 겸손하게 한다. 우리는 (신부, 교회, 양으로 불리는) 자기 백성을 향한 하나님의 사랑을 본다. 우리를 먼저 사랑했던 그 사랑을 통해 우리가 서로를 어떻게 사랑해야 하는지를 배운다. "사랑은 여기 있으니 우리가 하나님을 사랑한 것이 아니요 하나님이 우리를 사랑하사 우리 죄를 속하기 위하여 화목 제물로 그 아들을 보내셨음이라 사랑하는 자들아 하나님이 이같이 우리를 사랑하셨은즉 우리도 서로 사랑하는 것이 마땅하도다"(요일 4:10-11). 만일 하나님이 우리를 특정하게 사랑하신다면, 우리도 서로를 무조건적으로 사랑할 뿐 아니라, 특정한 한 사람 한 사람을 구체적으로, 실천적으로, 그리고 개

---

31. *Five Points*, 52.

별적으로도 사랑해야 한다. 우리는 '사람들을 사랑한다', '인류를 사랑한다', '세상을 사랑한다'는 식의 긍정적이지만 다소 모호한 방식으로 사랑해선 안 된다. 우리는 내 앞에 있는 바로 그 사람을 향해 특정적이고 구체적인 사랑을 실천해야 한다. 단지 사랑의 열망과 태도를 품는 것 그 이상을 넘어 구체적 행동으로 사랑을 실천해야 한다. 예수님도 우리를 살리기 위해 자신의 십자가 죽음이 필요하다고 인식하는 것에 그치지 않으셨다. 예수님은 실제로 그 십자가에 달리셨고, 거기서 피를 다 쏟으시고 죽으셨다. 진정한 사랑에는 구체적이고 명확히 실재하는 희생이 반드시 포함되어야 한다.

우리가 주일에 만나는 얼굴들, 미소를 지으며 섬기는 사람들이 있다. 그들을 향해 우리는 의무감에서 비롯되는 알듯 말듯한 사랑을 넘어 진정한 사랑의 길로 들어서야 한다. 한 식구인 성도들을 구체적인 방식으로 사랑해야 한다. 하나님이 우리 인생길에 허락해 주신 사람들을 구체적으로 섬기고, 따뜻하게 위로하며, 그들을 위해 전심으로 기도하는 일에 전력을 다해야 한다.

여기 당신이 할 수 있는 제법 간단하면서도 의미 있는 일 하나가 있다. 당신이 다니는 교회 성도들의 이름을 하나하나 외워 보라. 만날 때마다 그들의 이름을 불러보라. 더이상, "음…형제님…안녕하세요?" 이런 식으로 부르지 말기 바란다. 그들의 이름이 어린 양의 생명책에 기록되어 있다는 사실을 잊지 말라. 그들 각 사람의 이름을 당신의 마음과 머리에도 새겨 넣기 바란다. 만일 상대방의 이름을 잊었다면 (실은 나도 이름을 자주 깜빡한다) 겸손과 온유함으로 미소 지으며 다가가 이렇게 말해 보라. "죄송합니다. 한번만 더 성함을 말씀해 주실 수 있으세요?" 사랑은 서로를 진정으로 아는 것에 이르게 한다. 만일 우리가 그리스도의 속죄 사역에 명백하게 한정된 의도와 계획이 들어 있음을 알면서도, 정작 우리 가운데 명확하고 구체적인 사랑의 모습이 보이지 않는다면, 우리는 그 속죄의 의도와 목적을 잘못 이해하고 있는 것이다. 다른 말로 하면, 튤립^{TULIP}의 세 번째 요지, '제한 속죄'$^{Limited\ Atonement}$의 첫 글자 'L'이 우리 머리에 있을지는 몰라도 우리 마음에는 아무것도 없는 것과 같다.

그런 상태에 머물러선 안 된다. 바울은 우리의 확실한 죗값으로 치러진 그리스도의 죽음으로 말미암아, 우리가 삶에서 서로를 사랑하는 방식이 어떻게 달라져야 하는지 권면하고 있다:

> 너희 안에 이 마음을 품으라 곧 그리스도 예수의 마음이니 그는 근본 하나님의 본체시나 하나님과 동등됨을 취할 것으로 여기지 아니하시고 오히려 자기를 비워 종의 형체를 가지사 사람들과 같이 되셨고 사람의 모양으로 나타나사 자기를 낮추시고 죽기까지 복종하셨으니 곧 십자가에 죽으심이라 (빌 2:5-8).

그리스도의 겸손한 태도, 그리고 십자가에서 드러난 그분의 겸손한 행위가 이제 우리에게도 가능한 것이 되었다. 예수님은 자신의 하나님 되심을 과시하거나 남용하지 않으셨다. 예수님은 하나님 아들로서의 신분과 지위를 자아실현을 위한 도구로 삼지 않으셨다. 오히려 예수님은 십자가에 차가운 시체로 매달리는 마지막 순간까지 우리를 섬기셨다. 이러한 태도가 우리 삶에서 뿌리내리고 꽃피울 때, 비로소 우리는 그리스도의 대속적 사랑을 진정으로 아는 자들로 설 수 있을 것이다.

얼마나 많은 기독교 리더들이 지위를 이용하거나 소셜미디어를 활용해 자신의 이익을 추구하는가? 얼마나 많은 칼빈주의자들이 자기 자신을 높이기 위해 그들의 신학적 지식을 이용하고 있는가? 우리는 얼마나 자주 소위 '나의 건전한 신학'을 사람들에게 재잘거리고 있는가? 그냥 입을 다물고 상대방을 위해 기도하기를 얼마나 자주 거부하고 있는가? 누군가를 섬기기 위해 손에 흙먼지 묻히길 얼마나 자주 주저하고 있는가? 큰 무대에 서기만을 바라는 소위 포부가 크다는 목회자들은 은퇴 어르신들과 주일학교 어린이를 위한 사역을 얼마나 자주 간과하고 있는가? 한정 속죄가 정녕 우리의 죄에 치명적인 손상을 입혔다면, 그 한정 속죄가 반드시 우리의 교만에도 치명적인 손상을 입혀야 정상일 것이다. 우리는 속죄라고 쓰인 문자는 사랑하면서 속죄의 정신에는 아무 관심 없는 사람이 될 수 없다. 그렇게 되어선 안 된다. 그리스도의 명확한 한정 속죄는 우리 삶에 분명한 겸손을 가져온다. 그리고 그것은 구체적이고 희생적인 섬김의 행위를 통해서만 눈에 보이게 드러난다.

바울은 그리스도 안에 있는 새로운 피조물인 우리 삶의 태도에 대해 이같이 권면한다. "아무 일에든지 다툼이나 허영으로 하지 말고 오직 겸손한 마음으로 각각 자기보다 남을 낫게 여기고 각각 자기 일을 돌볼 뿐더러 또한 각각 다른 사람들의 일을 돌보아 나의 기쁨을 충만하게 하라"(빌 2:3-4). 진정한 칼빈주의자는 겸손한 칼빈주의자이고, 종의 마음을 지닌 칼빈주의자다.

한정 속죄에 관한 참된 지식은 속죄의 범위와 관련된 논쟁 그 너머로 우리를 이끌 것이다. 그 지식은 우리가 교회를 섬기기 위해 무엇을 해야 할지, 섬김의 영역과 범위에 대해 목회자와 리더들에게 묻게 만들 것이다. 논쟁의 자리를 벗어나 주일학교에서 아이들을 가르치라. 쓰레기를 분리수거하고, 주보를 나눠주고, 주차를 안내하고, 설거지를 하라. 그리스도의 몸된 교회 안에서 구체적인 한정 속죄는 구체적인 겸손의 행위로 드러나야 한다.

주일 오전 예배를 마친 후, 다른 사람들이 의자를 포개고 있거나 쓰레기를 줍고 있는 것을 보면서도 우리의 마음이 여전히 불필요한 논쟁과 대화에 몰두해 있다면, 아직도 그리스도의 속죄 사역이 우리 자신을 죽이는 자리, 다른 사람의 관심사에 귀 기울이고 필요를 채우는 겸손의 자리까지 이르게 하지 못했음을 알아야 한다. 우리의 머리에서 가슴까지, 아주 짧은 거리의 그 둘 사이가 제대로 연결되지 않은 상태인 것이다.

속죄가 매일의 삶에 가져오는 결과는 매우 실제적이고 실천적이다. 그것은 우리의 구체적인 일상과 밀접하게 연관되어 있다. 그것은 내가 자동차의 앞자리에 남보다 먼저 앉으려고 기민하게 움직이도록 내버려두지 않는다. 내가 원하는 식당이 아니라고 해서, 또는 배우자가 노래 오디션이나 드라마 등 다른 TV 프로그램을 보겠다고 해서 입을 삐죽 내밀게 하지도 않는다. 그리스도의 십자가는 우리에게 다른 사람의 일을 돌아볼 것을 가르친다. 그리고 그것을 지금도 강권하고 있다.

한정 속죄가 나에게 반드시 가져와야 할 개인적인 변화의 한 부분에 대해 나눠보고자 한다. 가족들과 함께 차를 탈 때마다, 나의 4살 된 아들 올리버는 항상 미키마우스 어린이 노래만 고집한다. 매번 그렇다. 나는 올리버에게 멋진 재즈 음악을 선곡해 주기도 했다. 소용없다. 올리버는 미키마우스를 원한다. 그럴 때마다 나는 한정 속죄를 떠올리며 그 의미를 적용하려고 애쓴다. 예수님이 나를 위해 죽음에 이르기까지 특정적으로, 구체적으로, 의도적으로 나를 섬기셨기 때문에, 나는 올리버의 관심사를 나의 것보다 더 우선순위에 놓아야 한다. 그렇게 하는 것이 맞다. 그리스도의 겸손은 단순히 우리 삶에서 하나의 희망사항이 되어선 안 된다. 그것은 우리 삶의 새로운 방식이 되어야 한다.

한정 속죄는 우리의 겸손 속으로, 우리의 태도와 행동으로 반드시 흘러들어 간다.

연합을 위해 확실히 헌신하라

유감스럽지만, 튤립 교리의 5가지 요지를 모두 받아들이는 칼빈주의자들은 연합을 이루기 가장 힘든 부류의 사람들처럼 보일 때가 있다. 그러나 한정 속죄의 교리는, 예수 그리스도에게 속한 모든 양을 사랑하고 존중할 것을 우리에게 가르친다. 그들의 관점이 얼마나 '개혁주의적'인지에 상관없이 말이다. 우리에게는 오직 '한 무리'의 양떼와 '한 목자'만이 존재한다(요 10:16). 이 진리는 우리의 수많은 신학 진영과 여러 관점, 그리고 다양한 세미나와 컨퍼런스보다 훨씬 더 소중하다. 만일 한정 속죄의 교리를 특정 무리만의 교제권 형성을 위한 수단 또는 노선으로 사용한다면, 우리는 한정 속죄를 정말 잘못 다루고 있는 것이다. 사실상 그 의미를 전혀 이해 못하는 것일 수도 있다. 예수님을 믿는 모든 사람의 죄를 위해 예수님이 의도적으로 죽으셨다는 사실을 우리가 정말 믿는다면, 예수님이 자기 양들을 위해 죽으셨을 때 그 양들 각자의 이름을 모두 다 아셨다는 사실을 우리가 정말 믿는다면, 그 주님의 양들의 연합을 이루기 위해 우리가 온전히 헌신하지 않을 도리가 있겠는가? 그리스도의 속죄의 명확하고 한정적인 특성에 대해 믿는다는 것은 그리스도의 모든 백성의 연합을 위한 명확하고 구체적인 사랑이 우리에게 있어야 한다는 것을 함의한다. 그들이 한정 속죄의 교리에 수긍하든 수긍하지 않든, 그것과는 관계없이, 그리스도의 백성은 그리스도의 백성이다. 그리스도의 한정 속죄는 우리 사랑의 경계를, 그리스도의 구속함을 받은 모든 양을 향한 사랑으로 확장시킨다. 예수 그리스도가 우리를 연합시키신다.

한정 속죄의 교리가 아니라, 우리 주님이 우리의 교제권을 규정해 주신다. 그리스도의 죽음의 견고함이 서로를 향한 (모든 지역 교회와 세계 교회, 그리고 박해 받는 모든 교회를 향한) 견고한 사랑의 토대를 마련해 주었다. 우리가 주일 오전에 다과를 나누며 만나는 성도는 우리의 가족이다. 그것은 예수 그리스도께서 이루신 사역의 결과다. 생소한 언어, 다른 피부색들로 가득한 지구촌의 여러 수많은 교회들이 복음의 청지기로 섬기는 교회가 분명하다면 우리는 그들을 모두 사랑해야 한다. 그들은 예수님 안에서 우리의 가족이고 나의 가족이다. 우리는 주님의 모든 교회를, 그리스도의 신부 전체를, 그리스도의 백성 모두를 온전히 사랑해야 한다. 속죄의 범위에 대해 우리와 다른 견해를 가진 성도와도 의미 있는 사역과 교제를 나눌 수 있으며 그렇게 할 수 있어야 한다. 우리가 예수님의 양 무리로 불리는 것은 예수님 한 분만이 목자이기 때문이다. 그 이유 하나 때문에 우리 모두가 예수님의 양 무리다. 누군가 예수님이 자신의 인도자요 보호자, 그리고 공급자 되심을 인정한다면 그는 예수님에게 속한 자다. 튤립의 5가지 요지를 모두 믿는 성도, 4가지 요지를 믿는 성도, 모두 동의하지 않는 성도, 그리고 튤립 교리에 대해 평생 들어본 적 없는 성도, 이 무리 가운데 누구든지 예수 그리스도만이 구주이심을 진정으로 고백하는 사람이라면, 한 사람도 예외 없이 그리스도에게 속한 양인 것이다. 양 무리를 구분하는 울타리는 오직 주 예수 그리스도에 대한 믿음에 의해서만 표시할 수 있다. 튤립 교리의 요지 중에서 몇 가지에 동의하는지를 서명하는 숫자판으로 구분할 수 있는 것이 아니다.

나에게는 세례의 방식, 성만찬의 횟수와 참여 대상, 여성 안수, 예언 은사의 문제, 그리고 속죄의 범위 등과 관련해 나와 견해를 달리하는 목회자 친구들이 있다. 하지만 나는 한 번도 그 친구들과의 교제를 끊거나, 그들이 나와 견해를 같이할 때까지 논쟁하거나, 또는 그 일로 험담하고 다닌 적이 없다. 그런 생각조차 한 적이 없다. 우리는 서로 사랑한다. 그런 문제라면 우리는 서로 가볍게 농담을 주고받을 뿐이다. 우리는 그 무엇보다 오직 예수 그리스도 안에서 하나가 된 그리스도인 친구다. 그리스도 안에서 우리가 하나 되었다는 사실은 속죄 교리에 대한 어떠한 견해 차이보다 더 우선하고 소중한 진리다.

만일 주변의 그리스도인 친구, 소그룹 성도, 목회자, 신학교 교수, 배우자, 남자나 여자친구, 또는 가족들이 속죄의 범위에 대해 자신과 다른 견해를 가졌다면, 자신이 그들보다 더 낫다고 여기지 말기 바란다(빌 2:3). 사탄은 그리스도의 겸손한 십자가를 아는 우리의 지식을 빌미로 우리가 자만해지길 바라며 호시탐탐 기회를 노린다. 사탄에게 그런 기회를 내주지 말라. 알미니안주의자, 튤립 교리의 4가지 요지만 믿는 사람을 포함해, 모든 그리스도인을 자신보다 소중한 존재로 여길 수 있길 바란다. 이들 중 어느 한 사람이라도 얕보거나 업신여기는 일이 없길 바란다. 그들이 완전히 '칼빈주의화' 되었는지 여부와 상관없이 진심으로 사랑하고 섬길 수 있도록 노력해 보라. 칼빈주의가 전부가 아니다. 예수 그리스도만이 우리의 전부시다.

그리스도께 속한 모든 양은 그리스도가 우리의 죄 값을 대신 치르고 구원하기 위해 이루신 대속의 은혜를 믿는다. 우리 모두는 그 부활하신 주님을 하나같이 믿고 의지한다. 연합을 이루기 위한 그 어떤 다른 근거가 있다면, 그것은 하나님 앞에서 의롭다 하심을 얻기 위한 또 다른 근거가 될 것이다. 하지만 그런 것은 없다. 튤립의 5가지 요지를 모두 믿는다고 해서 하나님의 의가 나에게 주어지는 것이 아니다. 우리는 오직 예수 그리스도 안에서 의롭다 하심을 얻는다. 오직 그리스도뿐이다. 항상 그렇다. 그리스도의 백성은 예수님이 유일하신 주님이고 구주라는 사실에 한 마음으로 동의한다. 하나님은 '죄인들'을 구원하신다. 그 점에서 우리 모두가 겸손히 수긍할 수 있어야 한다.

6
거부할 수 없는 부르심

나에게 치즈케이크는 언제나 옳은 선택이었다. 브라우니는 평균 이하인 적도 있었다. 콘크리트처럼 딱딱한 쿠키는 실망 그 자체일 때도 있다. 하지만 치즈케이크의 경우, 가장 형편없는 녀석이라 할지라도 여전히 꽤 맛있는 경우가 많다. 밖에서 식사하는 날, 만일 치즈케이크가 메뉴에 있다면, 내가 반드시 그것을 먹으리란 걸 아내는 알고 있다. 치즈케이크에 빠지지만 않았다면, 나의 복근은 조금 더 빨래판 같았을 것이다. 하지만 어쩔 수가 없다. 반면 아내는 눈 한번 깜빡이지 않고 크림치즈를 거부할 수 있다. 그럼에도 불구하고 메뉴에 크렘브륄레(커스터드에 얇은 캐러멜 층을 덮어 만든 프랑스의 후식)가 있으면, 나탈리는 자신의 운명을 받아들인다.

어쩌면 당신은 레스토랑에서 디저트 메뉴를 큰 문제없이 열린 마음으로 대할지도 모르겠다. 디저트 메뉴에 뭐가 있는지 다 알기 전까진 특별히 선호하는 것이 없을 수도 있다. 우리 부부는 그렇지 않다. 우리는 미스터 치즈케이크와 미세스 크렘브륄레 커플이다. 우리는 우리가 원하는 그것만을 원한다. 이것이 우리 부부다. 적어도 그때 그 일이 일어나기 전까지는 말이다.

해변 경관을 바라보며 캘리포니아 뉴포트 비치에서 탑처럼 쌓은 해산물 요리를 즐기던 중, 드디어 디저트를 고민할 시간이 다가왔다. 나는 나탈리와 평소 주문하던 메뉴에 대해 얘기하면서 키득거리고 있었다. 그런데 우리 옆 테이블에 앉은 사내가 갑자기 끼어들었다: "이봐요, 듣자하니 치즈케이크를 주문할 거라 하신 것 같은데, 그건 아니에요. 정말 농담 아니에요. 이 가게는 거대한 바닐라 아이스크림 덩어리를 얹은 따듯한 버터케이크로 유명해요. 그걸 꼭 먹어봐야 합니다." 나는 그에게 웃으면서 잘 알겠다고, 알려줘서 고맙다고 했다. 종업원이 우리의 디저트를 주문 받으러 왔을 때, 미스터 참견맨이 아직 옆 테이블에 그대로 있었다. 나는 따듯한 버터케이크를 주문해야 했다. 어쩔 수 없었다. 부담감 때문에 양보한 것이다. 그리고 지금 나는 그때 우리 테이블에 끼어들었던 그 사내를 찾아내고 싶다. 그를 찾아내 그의 발이라도 한번 씻겨주고 싶은 마음이 간절하다. 그 버터케이크를 우겨넣은 첫 한입은 내 인생 최고의 한입이었다. 그것에 비하면 치즈케이크는 그냥 췌장케이크였다. 크렘브륄레 따윈 잊으라. 우리의 디저트 욕망은 버터케이크라는 복음 앞에 뒤집어졌다. 나탈리와 나 우리 부부는 그 실체를 두 눈으로 보았고 혀로 맛보았다.

이제 전적 타락의 교리가 사실이고 무조건적 선택이 사실이라면, 치즈케이크에서 따듯한 버터케이크로, 나의 왕국 건설을 위한 차가운 욕망에서 하나님의 영광을 위한 뜨거운 열망으로 우리의 소원을 변화시키는 것은 무엇인가? 어떻게 해서 우리는 불신에서 믿음으로, 죽음에서 생명으로 나아가게 되는가? 우리는 우리 주님의 선하심을 맛보아 아는 자들이다(시 34:8). 주님은 우리의 그 미각을 열어 깨닫게 하신다. 그것을 다른 말로 하면 바로, '거부할 수 없는 은혜'Irresistible Grace다.

우리가 복음을 믿게 된 것은 나 스스로 하룻밤에 복음을 다 깨달았기 때문이 아니다. 내가 예수님을 충분히 믿을 수 있겠다고 내 머릿속에서 계산이 끝나서 믿음이 싹트게 된 것이 아니다. 이 '거부할 수 없는 은혜'라는 것은 듣지 못하고 보지도 못하며 강퍅하던 우리의 마음을 열어 하나님께서 듣게 하셨고 보게 만드셨고, 마침내 복음에 반응할 수 있게 하셨음을 의미한다. 우리는 우리 스스로 그리스도인이 된 것이 아니다. 모든 그리스도인은 하나님 때문에, 하나님이 행하신 것으로 인해 그리스도인이 되었다.

사도 요한은 우리가 어떻게 예수님을 믿게 되었는지, 사람들이 어떻게 믿음을 갖게 되는지를 상기시키고 있다. "영접하는 자 곧 그 이름을 믿는 자들에게는 하나님의 자녀가 되는 권세를 주셨으니 이는 혈통으로나 육정으로나 사람의 뜻으로 나지 아니하고 오직 하나님께로부터 난 자들이니라"(요 1:12-13). 하나님이 우리에게 그의 자녀가 되는 권세를 주신다. 하나님이 우리 믿음의 원인이 되신다. 하나님이 우리를 자기 자녀 삼으신다. 모든 그리스도인은 이것이 사실임을 본인 스스로 잘 알고 있다. 나의 회심, 나의 새로운 삶, 또는 나의 죄 사함 받은 것에 대해 나 자신에게 감사하는 그리스도인을 본 적이 있는가? 아무도 없다. 우리는 언제나 하나님께 감사한다. 우리는 하나님이 우리의 새로운 삶, 우리의 믿음, 우리의 거듭남에 원인이 되심을 본능적으로 알고 있다. 믿음은 우리의 의지대로 얻은 것이 아니다. 나 자신의 노력이나, 그 어떤 다른 것으로도 얻을 수 없었던 것이다. 개혁주의자들의 말대로, 오직 하나님께 영광을^{Soli Deo gloria}. 그 모든 영광은 '오직' 하나님께만 올려드려야 한다.

하나님이 부르신다

산부인과 분만실은 잊을 수 없는 장소다. 나의 자녀들이 이 세상으로 나오는 순간의 기억들 때문이다. 형언할 수 없는 감격스런 미소와 함께 갓난아기를 품에 끌어안는 아내, 분만실이 떠나갈 듯 요란한 갓난아기의 울음소리. 그 모든 순간의 기억들이 나에게 하나님 나라의 복음을 떠올리게 한다. 엄마의 자궁을 떠나서 처음 하는 행동이 단지 울음을 터뜨리는 것인 갓 태어난 아기처럼, 새로 태어난 그리스도인들도 새로운 생명 탄생의 증거로 새로워진 마음으로부터 이런 울음을 터뜨린다: "오, 예수님, 당신이 나를 구원하셨습니다! 오, 주님, 감사합니다!" 베드로는 이같이 말한다. "우리 주 예수 그리스도의 아버지 하나님을 찬송하리로다 그의 많으신 긍휼대로…우리를 거듭나게 하사"(벧전 1:3). 하나님이 거듭나게 하신다. 우리는 스스로 다시 태어날 수 없다. 이 거듭남 없이는 하나님의 나라를 볼 수 없다(요 3:3). 전능하신 주께서 우리의 마음을 새롭게 하시고, 우리를 부르시며, 무덤에서 나오게 하신다. 이것은 삼위일체 하나님의 사역이다. 성부 하나님이 택하시고, 성자 하나님이 속죄를 이루시며, 성령 하나님이 부르신다.

예수님은 자연 현상을 언급하심으로 우리에게 신학적, 송영적 가르침을 베푸신다: "바람이 임의로 불매 네가 그 소리는 들어도 어디서 와서 어디로 가는지 알지 못하나니 성령으로 난 사람도 다 그러하니라"(요 3:8). 2천 년 전 나사렛 동네의 한 사람, 그의 십자가 죽음을 통해 우리의 죗값이 미리 지불되었음을 믿게 된 것은 우리 영혼의 항해에 성령의 바람이 불어왔기 때문이다. 그가 우리를 죽음에서 생명으로, 어둠에서 빛으로 옮기셨다. 성부께서 우리를 위해 영원 전에 행하셨던 일, 그리고 성자께서 우리를 위해 마지막 영광의 한 주 동안 예루살렘에서 행하신 그 일을 성령께서 취하셔서 오늘 이곳에 있는 우리에게 적용시키셨다. 성령께서는 계속해서 죄인들을 새로운 생명으로 부르실 것이며, 그 부르심은 결코 거부당하지 않는다.

이 복음 메시지에는 크게 두 가지 종류의 부르심이 있다. 먼저는 강단에서 설교를 들을 때, 성경을 읽으면서, 또는 우연히 택시를 탔다가 듣게 되는 복음증거를 통해 모든 사람에게 다가오는 '일반적/보편적 부르심'general call이다. 이것을 '외적 부르심'external call이라고도 한다. 쉽게 말하면 "와서 예수님을 믿으십시오" 같은 부르심이다. 그리고 또다른 종류로는, 외적으로는 감지되지 않는 효과적인 부르심effectual call 또는 내적 부르심internal call이 있다. 이 부르심은 성령이 행하시는 사역 가운데 하나로, 사람들이 그리스도께 믿음으로 반응하도록 이끄시는 부르심이다. 앞서 언급한 보편적 부르심의 경우, 그것은 사람들에 의해 거부되고 거절될 수 있다. 그러나 이 효과적인 부르심은 거부할 수 없다. 하나님의 부르심은 결코 실패하지 않기 때문이다. 이 초대에 대한 회답은 항상 100퍼센트 '예스'밖에 없다. 하나님이 회답을 요청하시면, 우리는 항상 "네, 참석하겠습니다"라고 답하게 되는 것이다. 칼빈은 "외적 부르심 하나만으로 충분하지 못하다"고 말한다. "하나님은 자신이 부르신 자들을 그 외적 부르심만으로는 효과적으로 이끌지 않으신다."[32]

성령은 우리에게 복음의 영광을 보여주시고 우리로 하여금 그 영광에 화답하게 하신다. 그것은 실로 영광스러운 순간이 아닐 수 없다. 성령께서 친히 일하시면, 우리를 그 믿음의 순간으로 이끌어 가신다. 우리는 확신을 얻게 된다. 믿음을 갖게 된다. 그 은혜는 거부할 수 없다. 과거로 돌아가보자. 태초에 하나님께서 "빛이 있으라" 말씀하시니 빛이 있었다. 그리고 주께서 복음의 빛이 우리 마음에 가득하라고 말씀하시니 우리 마음에도 빛이 있었다. "어두운 데에 빛이 비치라 말씀하셨던 그 하나님께서 예수 그리스도의 얼굴에 있는 하나님의 영광을 아는 빛을 우리 마음에 비추셨느니라"(고후 4:6). 예수님이 나사로에게 무덤에서 나오라고 명하셨을 때에도 나사로는 즉시, 수족은 베로 동이고 얼굴은 수건에 싸인 채, 죽음의 무덤에서 생명의 빛

---

32. John Calvin and James Anderson, *Commentary on the Book of Psalms*, Vol. 3, 322.

으로 걸어 나왔다(요 11:44). 죄로 인해 죽었던 우리를 성령께서 복음으로 부르실 때, 우리는 그리스도 안에서 다시 살아난다.

성령이 우리를 이끄신다

같은 배경의, 심지어 같은 집안 출신의 믿지 않는 두 사람이 똑같은 설교를 함께 들었다고 치자. 그런데 이 두 사람의 반응이 서로 다르다면 그 이유는 무엇일까? 한 사람이 다른 사람보다 더 똑똑하고 박식해서가 아니다. 또는 더 영적이어서가 아니다. 그 중 한 사람만이 하나님의 일하심을 경험하고 있기 때문이다. 하나님이 그 사람을 이끌고 계신 것이다.

우리가 복음에 반응하게 된 이유와 방식은 오직 우리를 끌어당기는 하나님의 은혜라는 중력 때문이다. "나를 보내신 아버지께서 이끌지 아니하시면 아무도 내게 올 수 없으니 오는 그를 내가 마지막 날에 다시 살리리라"(요 6:44). 당신이 교회에 다니게 된 것, 목사님 또는 부모님과 두 손 모아 기도했던 것, 또는 설교를 듣고 나서 믿게 된 것, 이 모든 것이 가능했던 이유는 아버지께서 우리 각 사람을 그리스도께로 이끄셨기 때문이다. 하나님이 당신을 다시 태어나게 하셨다. 하나님은 우리가 믿음을 갖게 된 궁극적인 원인이 되신다. 우리를 향한 하나님의 인자하심, 그의 긍휼과 자비가 우리로 하여금 하나님의 이름을 높여 찬양하게 한다.

이 대목에서 우리 칼빈주의가 겸손해질 수밖에 없는 이유를 느낄 수 있지 않은가? 우리의 모습에도 불구하고 하나님 아버지께서 우리를 택하셨다. 우리가 부탁한 적도 없는데 하나님의 아들이 우리를 위해 죽으셨다. 우리 스스로 문제를 해결한 것이 아니다. 내가 내 힘으로 예수님을 믿은 것이 아니다. 영광에 이르는 그 여정에 나의 의지로 내가 스스로 올라선 것이 아니다. 절대로 아니다. 성령께서 나를, 성령께서 당신을, 성령께서 우리를 주 하나님께 강권적으로 이끄셨다. 믿음은 하나님의 선물이다(엡 2:8-9). 때로 우리는 구원이 역에서 대기하고 있는 열차라고 생각하는 경향이 있다. 선불로 지불된 열차표가 제공되고, 좌석은 아직 남아 있다. 나처럼 눈치 빠르고 센스 있는 사람들이 마지막 출발신호가 울리기 전에 열차에 뛰어 오른 것처럼 말이다. 틀렸다. 오직 하나님이 우리를 안아 들고 직접 옮기셨을 뿐이다. 마치 어미 사자가 아기 사자의 목덜미를 물고 옮기는 것처럼 말이다. 하나님이 우리를 기차역으로 데려가셨고, 열차 안에 집어 넣으셨고, 좌석벨트까지 직접 매어주셨다. 우리가 아니라 하나님이 우리를 위해 이 모든 일을 행하셨다.

계속 복음을 전하라—이 성중에 내 백성이 많음이라

극단적 칼빈주의Hyper-Calvinism는 칭찬이 아니다. 칭찬처럼 들릴 수 있겠으나 사실 그것은 하나님의 주권에 기대어 오히려 복음전도와 교회 개척 그리고 세계선교에 대한 교회의 사명을 등한시하는 잘못된 가르침이다. 하나님이 모든 것을 통제하시고, 하나님이 자기 백성을 택하셨으니, 우리가 진리를 전파하든 말든, 해외선교를 후원하든 말든, 결국 하나님 자신이 자기 백성을 구원하지 않으시겠는가? 그들의 이런 주장은 설득력이 있다. 그러나 극단적 칼빈주의자들이 봉착하는 문제는 결국 성경이다.

예수님이 제자들을 향해 "그러므로 너희는 가서 모든 민족을 제자로 삼아 아버지와 아들과 성령의 이름으로 세례를 베풀고"(마 28:19)라고 말씀하셨을 때, 거기에 또 다른 첨언이나 (뭔가 다른 의미가 있다는 투의) 눈짓은 없으셨다. 모든 민족에게 가서 그들에게 복음을 전하고 제자 삼으라는 이 구절에 다른 선택 사항은 없다. 우리가 전하지 않고 선포하지 않는다면, 그들이 어떻게 들을 수 있겠는가?(롬 10:14-15) 우리에게는 선교적 사명이 있다. 우리는 확신 가운데 열방으로 나아가야 할 분명한 이유가 있다.

하나님이 자기 백성을 하나님 자신에게로 이끄실 것이란 사실을 아는 지식 자체가 우리를 멀찍감치 물러서서 그저 하나님이 행하시는 일을 관망하게 만드는 것이 아니다. 오히려 그 지식은 우리로 하여금 담대한 확신 가운데 불신자들을 향해 순종으로 나아가게 만든다. 사도 바울이 그 증거다. 바울은 자신이 복음을 전했던 여러 지역에서 맹렬한 저항에 부딪혔다. 사도행전 18장은 고충이 많았던 바울의 사역에 대해 말해 주고 있다. 그리고 그 가운데서 바울이 느꼈을 절망과 좌절에 대해 암시하고 있다.

> 실라와 디모데가 마게도냐로부터 내려오매 바울이 하나님의 말씀에 붙잡혀 유대인들에게 예수는 그리스도라 밝히 증언하니 그들이 대적하여 비방하거늘 바울이 옷을 털면서 이르되 너희 피가 너희 머리로 돌아갈 것이요 나는 깨끗하니라 이 후에는 이방인에게로 가리라 하고 거기서 옮겨 하나님을 경외하는 디도 유스도라 하는 사람의 집에 들어가니 그 집은 회당 옆이라 또 회당장 그리스보가 온 집안과 더불어 주를 믿으며 수많은 고린도 사람도 듣고 믿어 세례를 받더라(행 18:5-8).

유대인의 격렬한 저항과 반발 속에서도 하나님은 바울의 사역을 통해 자기 백성을 그리스도에게 이끄셨다. 그럼에도 불구하고, 그 직후에 바울에게 일어난 일을 보면, 바울은 당시 주변의 반응과 상황들 때문에 내심 실망했던 것 같다. 아마도 바울의 마음속에는 두려움과 근심, 또는 염려와 좌절감이 싹트기 시작했던 것으로 보인다. 내가 그렇게 생각하는 이유에 대해 묻는다면, 사도행전 18장의 다음 두 구절이 이렇게 기록하고 있기 때문이다:

> 밤에 주께서 환상 가운데 바울에게 말씀하시되 두려워하지 말며 침묵하지 말고 말하라 내가 너와 함께 있으매 어떤 사람도 너를 대적하여 해롭게 할 자가 없을 것이니 이는 이 성중에 내 백성이 많음이라 하시더라(행 18:9-10).

예수님은 이 환상을 통해 바울에게 그가 낙심하거나 침묵하지 말고, 두려움 때문에 복음전도의 사명을 포기해선 안 되는 두 가지 이유를 말씀해 주신다. 첫째, 하나님이 바울 그와 함께 하신다. 하나님이 이같이 말씀하셨던 것이다. '바울아, 너는 내 손 안에 있단다.' 둘째, 그 성읍에는 하나님이 구원하고자 하시는 사람들이 살고 있었다. '바울아, 그들이 모두 내 손 안에 있단다.' 주 하나님이 바울의 생명과 그의 사역을 모두 주관하고 계셨던 것이다. 이 말씀은 우리에게도 적용된다. 하나님은 언제 어디서나 우리와 함께 하신다(마 28:20). 하나님 자신이 우리의 담대함이고 우리의 확신이 되신다. 하나님은 각 그리스도인들을 변방에서 불러내 선교의 중심부로 이끄신다. 그리고 성령께서 우리를 통해 하나님의 사역을 이루어 가신다. 바람이 그 임의로 불듯, 성령도 원하시는 곳에서 새 생명을 불어넣으실 것이기 때문이다.

거부할 수 없는 은혜가 용기를 북돋는다

신학을 중시하는 그리스도인들은 복음의 수호자이자 청지기로서의 책임과 역할에 많은 관심을 갖는다. 전적으로 옳은 자세다. 하지만, 그렇더라도 복음 '전파'의 부르심을 뒤로 미뤄선 안 된다. 실제로 죄와 저주로 뒤덮인 곳에 복음을 들고 나아갈 때 비로소 우리는 복음의 수호자 역할을 제대로 감당할 수 있다. 제임스 패커 박사는 이렇게 말한다:

> 그리스도의 명령에는 적극적인 계획과 온갖 창의적인 지혜의 자원들을 총동원해 가능한 모든 사람에게 복음을 전하는 임무에 최선을 다하라는 뜻이 담겨 있다. 따라서 우리가 복음전도와 관련하여 전혀 관심이 없고 아무런 노력이나 행동을 하지 않는다면 변명의 여지가 없을 것이다. 전도 명령은 반드시 긴급하게, 즉각적으로, 우선적으로, 강권적으로 시행되어야 하며, 그 명령의 중대성을 축소시키기 위한 하나의 방편으로 하나님의 주권 교리를 내

세워선 절대로 안 된다. 이는 그 교리를 완전히 잘못 사용하는 것이다. 계시된 진리를 죄의 빌미로 오용하려 하면 안 되는 것이다. 하나님이 자신의 주권적 통치의 실상을 우리에게 가르쳐주신 이유는 우리로 하여금 주님의 전도 명령을 등한시할 변명거리를 얻게 하시기 위함이 아니다.[33]

겸손한 칼빈주의는 사람들이 예수님을 만나게 되길 갈망한다. 거부할 수 없는 은혜는 교회를 개척하거나, 미전도 종족 선교를 위해 험산준령을 넘거나, 인부들에게 성경공부를 권하기 위해 작업 현장을 방문하는 것을 막지 않는다. 그 은혜는 우리에게 하나님만 의지하게 할 뿐 아니라 복음 사역을 감당할 용기와 담력을 준다. 더 나아가 오직 그리스도를 위해 그 모든 것을 감당하게 한다.

하나님의 거부할 수 없는 은혜, 그 부르심의 능력을 아는 것은 우리를 모든 두려움에서 해방시킨다. 그리스도에게 회심하는 일은 우리에게 달린 문제가 아니다. 이끌고, 깨우고, 부르는 이는 하나님이시다. 복음전도의 결과라는 무거운 짐은 우리가 짊어진 게 아니다. 마무리는 우리가 짓는 게 아니다. 그리스도

---

33. J. I. Packer, *Evangelism and the Sovereignty of God*, 38. 『복음전도란 무엇인가』 제임스 패커, 생명의말씀사

의 영이 행하신다. 마음 편히 복음을 나누라. 담대하게 전하라.

종종 우리는 복음을 전파하는 일에 망설이곤 한다. 복음을 전할 만큼 충분히 알지 못한다는 걱정, 반박과 저항을 받으면 어떻게 해야 할지 모르겠다는 걱정 때문인 경우가 많다. 또한 안타깝게도, 문제의 저 사람이 과연 믿을 수 있을지, 그 가능성에 대한 우리 자신의 의심도 한 몫을 한다. 그러나 부르시는 분은 오직 하나님이시고, 우리는 그의 메시지를 전달하는 메신저란 사실을 분명히 깨닫는다면, 하나님이 그 선하신 뜻을 이루실 것을 확신하는 가운데, 복음전도에서 직면하는 모든 장애물과 방해를 과감하게 뒤로하고 전진할 수 있을 것이다. 물론 우리는 복음을 가장 건전하고 신실하게 제시할 방법을 연구해야 한다. 그러나 우리 자신의 언변과 논리가 사람들을 하나님 나라에서 거듭나게 하는 이유가 되는 것처럼 생각해선 안 된다. 성령은 그가 원하시는 대로 움직이신다. 거듭나게 하시는 능력은 오직 하나님에게만 있다. 패커 박사는 이렇게 말한다:

> 우리는 하나님의 구원을 선포하는 일이 우리의 책임이란 사실을 항상 명심해야 하며, 이와 동시에 실제로 구원하시는 분은 하나님이란 사실을 절대로 잊어선 안 된다. 복음의 소리를 듣도록 사람들을 인도하시는 이는 하나님이다. 또한 그들을 예수 그리스도를 믿는 믿음으로 인도하시는 이도 하나님이다. 우리의 복음전도 사

역은 그 목적을 위해 하나님이 사용하시는 도구에 불과하다. 영혼을 구원하는 능력이 도구 자체에 있는 것이 아니다: 그 능력은 오직 도구를 사용하는 주인에게, 우리를 사용하시는 하나님의 손에 있다.[34]

극단적 칼빈주의는 위안을 줄 수는 있으나 기만적인 교리일 뿐이다. 지금 이 책을 읽고 있는 독자라면 아마도 극단적 칼빈주의자는 아닐 것이다. 하지만 주의해야 한다. 빈 수레 칼빈주의Hoax-Calvinism는 더 좋지 않다.

교회 밖에서 누군가에게 복음을 전한 때가 마지막으로 언제인가? 그들의 이름을 기억하는가? 자녀가 성장해서 이슬람 위험 지역, 미전도 종족에게 복음을 전하겠다고 하면 당황하지 않고 그들을 지지할 수 있는가? 빈 수레 칼빈주의는 극단적 칼빈주의를 비성경적인 것으로 정죄한다. 그것은 이해된다. 그러나 문제는 그들도 극단적 칼빈주의를 따라한다는 것이다. 말은 요란해도 현장에 나가지 않고, 불신자들의 친구가 되어주지 않으며, 기껏해야 마지못해 예수님을 전한다는 것이다. 당신에겐 주님이 구원해 주시길 간절히 간구했던 대상이 있는가? 단지

---

34. *Evangelism and the Sovereignty of God*, 32.『복음전도란 무엇인가』 제임스 패커, 생명의말씀사

복음에 대한 건전한 교리뿐 아니라 복음 전파를 위한 실질적이고 감지 가능한 열정이 당신 안에 있는가? 삶에서 가시적으로 나타나고 있는가? 당부하기는, 무슨 수를 써서라도 빈 수레 칼빈주의에서 벗어나기 바란다. 빈 수레 칼빈주의자는 공식석상에서는 극단적 칼빈주의자에게 호통을 치면서도, 사적인 자리에서는 그들에게 연민과 동질감을 느낀다. 주님의 잃어버린 양들에 대한 열정이 결여된 칼빈주의는 그것이 어떤 종류의 것이든 가짜 칼빈주의다. 그것은 위선적인 칼빈주의다. 진정한 칼빈주의, 진짜 칼빈주의는 하나님의 영광과 그리스도 안에 있는 만백성의 기쁨을 위하여 그리스도께서 주신 대사명의 열정을 품고 달려 나간다.

와서 하나님이 하시는 일을 보라

거부할 수 없는 은혜에 대한 지식은 선교적 사명의 삶 또한 거부할 수 없게 만든다. 하나님은 우리의 사역을 통해 하나님의 일을 이루실 것이다. 우리는 심는다. 그러나 물은 다른 이가 준다. 그리고 하나님이 그것을 자라게 하신다(고전 3:6-7). 우리는 하나님이 자신의 포도원을 일구실 것을 신뢰하면서, 그 포도원 안에서 우리에게 일거리를 허락하신 것에 감사할 수 있다. 그래서 우리는 씨를 뿌린다. 우리는 할 수 있는 한 모든 곳에서 가능할 때마다 물을 준다. 회심자를 얻기 위한 우리의 노력 가운데, 뿌린 씨를 보존하고 지키는 노력은 없다. 그 일은 하나님이 맡으신다. 그러므로 잃어버린 자에게 복음을 증거할 때, 우리는 그곳에서 하나님이 일하시는 것을 목격하게 된다.

나도 이것을 직접 경험했다. 과거 몇 년 동안 교회에서 파트타임으로 섬기면서 주중에 스타벅스에서 일한 적이 있는데, 사실 그런 방식의 삶을 별로 좋아하지 않았다. 스타벅스 일은 단지 재정적으로 필요한 하나의 수단 정도로 생각했다. 오로지 교회에서 '진짜 사역'을 감당하고 싶었지, 커피를 내리면서 불신자들과 시간을 보내고 싶진 않았다. 나의 시간과 재능을 낭비하는 것처럼 느껴졌다. 하지만 하나님께서 나의 생각을 변화시키셨고 그 일로 인해 지금도 감사한다. 나는 커피숍 카운터 뒤쪽, 바로 그 자리에서 나에게 주어진 사명과 사역이 있음을 깨달았다. 프라푸치노를 비롯해, 터무니없이 비싼 여러 커피 음료들을 만들면서 나는 동료들에게 예수님에 대해 말을 꺼내기 시작했다. 먼저 이런 질문들을 던졌다. "예수님이 누구라고 생각하니?" "기독교가 정말 어떤 것이라고 생각해?" 그리고 제일 흥분되는 질문, "예수님이 지금 뭘 하고 계실 것 같니?" 그때부터 복음 안에서의 대화와 우정이 싹트기 시작했다.

불교신자인 한 동료와 예수님에 대해 이야기하곤 했는데, 어느 날 그녀가 행복해 하면서 이렇게 말했다. "깜박 잊은 게 있는데, 사실 이틀 후엔 나도 그리스도인이 될 거야."

나는 깜짝 놀라며 물었다. "뭐라고? 네가 정말? 이틀 후에 그게 어떻게 가능해?"

"교회에 가서 교육을 받을 예정이거든."

나는 웃으면서 말했다. "하나 말해 줄까? 그리스도인이 되는 데 그렇게까지 할 필요는 없어."

그녀가 놀라워하면서 물었다. "정말? 그러면, 구원을 받으려면 뭘 해야 하는데?" (확실하게 말하지만, 실제로 일어난 이야기다.)

우리는 대화를 나누는 동안에도 드라이브스루 drive-thru 창문으로 음료를 건네주었고, 나는 동료에게 지금 당장 "결단하라"는 식으로 밀어붙이지 않았다. 오히려 이렇게 말했다. "오늘 저녁 우리 집에 밥 먹으러 올래? 나랑 아내가 어떻게 그리스도인이 되었는지 말해 줄게. 그리고 네가 어떻게 하면 우리처럼 그리스도인이 되는지도 알려줄게." 그녀는 수락했고 우리와의 스파게티 저녁 식사를 고대했다.

그날 저녁 식사 후, 우리는 테이블에 둘러앉아 예수님과 믿음에 대해, 그의 십자가 죽음과 부활, 죄사함 등에 관해 이야기를 나눴다. 하지만 내가 기대하던 어떤 극적인 순간이 일어나지는 않았다. 그때 한 가지 아이디어가 떠올랐다. 성경 세 권을 집어들곤 에베소서 2장을 펼쳐서 나눠주었다. 에베소서에 관해

짤막하게 소개하고, 함께 읽는 동안 궁금한 것이 생기면 언제든 질문해 보길 권했다. 우리는 우리가 죄 가운데 죽은 것, 하나님의 긍휼과 자비, 그리고 믿음으로 말미암아 은혜로 얻는 구원에 대해 같이 읽었다. 그러자 동료가 웃기 시작했다. 키득키득 소리가 났다.

나는 다소 머뭇거리면서 물었다. "왜 웃는 건데?"

그녀가 고개를 들고 미소를 지으며 이렇게 말했다: "내가 방금 그리스도인이 되었거든. 그게 너무 좋아서 그래. 예수님이 이 모든 것을 정말로 날 위해 행하셨다면, 난 그걸 믿어. 부처님은 나를 위해 아무것도 해준 게 없어. 나는 예수님이 좋아."

아멘, 자매여, 아멘.

그 자매가 회심하던 순간을 돌이켜 보면, 항상 두 가지 사실이 떠오른다: 하나님의 부르심은 정말 거부할 수 없다. 하나님은 자신이 택한 도구들을 사용하셔서 일하신다. 우리 부부가 실제로 한 일은 매우 적었다. 다른 친구들과 이런 시간을 보냈던 경우를 돌아보면, 우리는 더 많은 노력을 했었다. 하지만 되돌아온 것은 혼란과 거절뿐이었다. 이 자매에게 우리가 행한 것은 단지 궁금한 것을 물어보게 한 것과, 복음을 있는 그대로 전한 것, 그리고 식사에 초대해 에베소서 2장을 함께 읽은 것이 전부였다. 그리고 이 모든 것을 통해 주님께서 친히 그 자매를 부르셨다. 이 일은 우리 부부가 대단해서가 아니라, 하나님이 위대하시기 때문에 일어난 일이었다.

바울은 빌립보의 강가에 모여 있던 여자들에게 복음을 전하면서 이 사실을 경험했다. 그들 중에 한 여자가 반응을 보였다. "루디아라 하는 한 여자가 말을 듣고 있을 때 주께서 그 마음을 열어 바울의 말을 따르게 하신지라"(행 16:14). 바울은 복음을 전했고, 성령이 일하셨다. 주께서 사람들 마음을 열어주시지 않는 이상, 우리가 전한 복음 메시지는 굳게 닫힌 철문에 막혀 바닥에 떨어지거나 튕겨나갈 수밖에 없다. 하지만 주님이 그 마음을 열어주시면 복음은 거부할 수 없는 것이 된다. 언제나 그렇다. 칼빈도 이렇게 말했다. "그러므로 우리가 주께 부르짖기 전에 주께서 우리를 먼저 부르셔야만 한다. 주께서 우리를 초청하시기 전까지 우리는 스스로 접근할 수가 없다."[35]

하나님의 주권적 부르심은 우리가 복음의 약속을 널리 또는 신실하게 전파해야 하는 의무까지 제한하지 않는다. 예수님은 마태복음 11장의 설교를 통해, 거부할 수 없는 하나님의 은혜와 자유로운 복음 선포를 나란히 제시하신다. "내 아버지께서 모든 것을 내게 주셨으니 아버지 외에는 아들을 아는 자가 없고 아들과 또 아들의 소원대로 계시를 받는 자 외에는 아버지

---

35. John Calvin and William Pringle, *Commentary on the Book of the Prophet Isaiah*, Vol. 2, 74.

를 아는 자가 없느니라"(마 11:27). 하나님의 주권적 부르심은 사람들이 믿음으로 나오게 되는 근원적인 이유다. 그래서 주님은 이렇게 부르신다. "수고하고 무거운 짐 진 자들아 다 내게로 오라 내가 너희를 쉬게 하리라"(마 11:28). 하나님이 누구든 불러내실 수 있기 때문에 복음은 모든 사람에게 제시된다. 성령의 위임을 받은 우리가 감당할 사역은 사람들에게 이렇게 말하는 것이다. "삶에 지치고 힘드신가요? 기진맥진하여 녹초가 되셨나요? 예수님께로 나오세요. 예수님을 바라보세요. 예수님의 십자가를 바라보세요. 고이 접힌 세마포가 놓인 그 빈 무덤을 들여다보세요. 그리고 예수님께 나아오세요. 예수님은 언제나 당신을 환대해 주십니다."

누구든지 예수님께 나아온다면, 하나님이 그들을 부르시고 이끄신 것이다. 하나님은 그의 선하신 뜻에 따라 우리의 의지를 설득해 내신다. 그리고 자신과 함께 일하도록 우리를 부르신다.

와서 하나님의 사역에 참여하라

나의 아들은 아빠 도와주길 좋아한다. 재활용품 분리수거를 하는 날이면 여지없이 밖으로 튀어 나온다: "내가 도와줄래요.

내가 도울래요." 아내 나탈리가 마트에서 돌아올 때도, 아들은 식료품을 받아 챙기는 것을 좋아한다. 아들 올리버는 네 살짜리의 이두박근으로 들 수 있는 최대한의 물건을 집어 든다. 올리버는 강아지들 밥 먹이는 것을 도와주고, 쓰레기 버리는 일, 싱크대에 접시들을 내놓는 일까지 모두 흔쾌히 도와준다. 한번은 아들에게 물어봤다. 왜 그렇게 돕기를 원하는지. 아들이 귀여운 혀짧은 소리로 이렇게 대답했다. "나의 아빠잖아. 그래서 내가 도와주잖아. 그게 바로 나잖아. 그게 내가 하는 거잖아." 그게 바로 아들이다. 올리버는 자신의 정체성에 어떤 특정한 행동이 따른다는 것을 알고 있다. '내가 아빠 아들이잖아. 그래서 도와주는 거잖아.' 올리버는 나의 아들로서 나의 조력자가 될 사명을 갖고 있다. 올리버는 그 사명을 뿌듯하게 여긴다.

고린도전서 3장에서, 바울은 자다가 벌떡 일어날 만큼 깜짝 놀랄 말을 하고 있다. 바울은 자기 자신과 베드로, 그리고 아볼로에게 우리의 신학적 신경세포를 곤두서게 만드는 특이한 직함을 부여하고 있다: "우리는 하나님의 동역자들이요"(고전 3:9). 바울은 자신보다 어린 후배 디모데에 관해서도 똑같이 언급한다. "우리 형제 곧 그리스도의 복음을 전하는 하나님의 일꾼[동역자]인 디모데를 보내노니"(살전 3:2). 잠깐! 정말로 하나님께 동역자가 있다고?! 하나님께 그럴 필요가 있을까? 그 이유는?

하나님은 전능하신 분이다. 하나님은 졸거나 주무시지 않고

피곤해 하지도 않으시며, 결코 부족함이 없으신 주권자시다. 우리는 인생의 삼분의 일은 잠을 자거나 환절기 알레르기로 고생한다. 자동차 열쇠를 어디에 뒀는지도 자주 깜빡한다. 그럼에도 불구하고, 초대교회 그리스도인들처럼 우리도 그리스도의 복음을 전하는 일에서 하나님의 동역자가 된다는 것이다.

사실 하나님은 동역자가 필요없으시다. 더욱이 우리 같은 부족한 사람들은 말이다. 하나님이 자기 이름의 영광을 전파하거나 사람들을 믿음으로 부르시는 일에 어떤 식으로든 능력이나 힘이 모자라신 것이 아니다. 그것은 내가 마트에서 구입한 20개 들이 두루마리 화장지 한 묶음을 올리버와 함께 들고 가는 것과 같다. 아들은 있는 힘을 다해 들고 있다. 그리고 나는 아빠를 돕는 아들의 마음에 미소 지으며 고마움을 표한다. 나 혼자서 충분히 할 수 있는 일이다. 올리버가 그렇게 도움이 되는 것도 아니다. 그래도 나는 아들이 나를 도와주는 게 좋다. 아들을 사랑하기 때문이다. 나는 아들의 돕고자 하는 마음을 돕고 싶다. 올리버는 나의 사랑하는 가족이다.

어쩌면 하나님도 그런 심정으로 자기 자녀를 이 가족 사업에 참여시키시려는 것일 수 있다. 하나님은 예수님 안에서 자녀된 우리의 신분, 그리스도의 이름을 위한 동역자라는 정체성에 기초해 우리에게 사역을 맡기셨다. 하나님은 우리가 그 사명을 감당할 수 있도록 성령의 권능을 입히셨다(행 1:8). 우리가 사명을 따라 복음을 전파하고, 그리스도의 십자가 죽음과 부활에 대해 사람들과 대화할 때, 하나님이 우리 안에서, 우리와 함께, 우리를 통해 일하신다. 주께서 우리와 함께 하신다. 우리는 하나님이 우리를 위해 예비해 놓으신 그 선한 일에 실패할 수가 없다(엡 2:10). 단연코 하나님은 그 모든 일을 홀로 이루실 수도 있었다. 그러면 하나님이 자기 백성을 곳곳에서 친히 불러 모으셨을 것이다. 그럼에도 하나님은 우리를 선택하셔서 지상 최고의 위대한 사업 (사람들을 어둠에서 빛으로, 지옥에서 천국으로 데려오는 일)에 동참하게 하셨다.

예수님은 누구에게 복음을 전하라고 당신을 이끄시는가? 주님이 당신을 세계 선교로 부르고 계시는가? 주님이 가리키는 곳에선 당신을 통해 교회 개척이 일어나고 있는가? 다음 단계로 넘어가지 못하도록 당신의 발목을 잡고 있는 것은 무엇인가? 이웃을 향한 하나님의 사랑을 생각한다면, 정말로 칼빈주의가 이웃의 걸음을 막아서는 경계선이 되지 않게 하라. 담대함으로 그리스도를 선포하고 성령을 의지하는 진정한 칼빈주의를 지지대 삼아 선교적 사명을 감당하라.

이런 문구를 들어봤을지도 모르겠다. "알미니안주의자처럼 일하고 칼빈주의자처럼 잠자라." 다른 말로 하면, "모든 것이 네 자신에게 달려 있는 것처럼 열심히 일하고, 모든 결과가 하나님께 달려 있는 것처럼 푹 자라"는 것이다. 그럴듯하게 들릴 수 있겠지만, 당신은 그런 말을 따르지 않길 바란다. 모든 게 당신 자신에게 달려 있는 것처럼 사역에 임하지 말길 바란다. 일하는 것도, 잠자는 것도 모두 칼빈주의자처럼 하라. 우주에서 가장 권세 있는 분에게 모든 것이 달려 있다는 확신 가운데 믿음으로 일하라. 당신은 하나님의 겸손한 동역자라는 생각으로, 사람들에게 오직 예수 그리스도를 전하며 그가 이루신 일들을 가리키라. 열방으로 나아가라. 친구들에게 복음을 전하라. 교회 개척에 나서라. 전능하신 우리 하나님이 모든 것을 주관하신다. 열심히 일하는 칼빈주의자, 하나님의 주권을 의지하며 즐거이 복음을 전하는 칼빈주의자가 되라. 하나님의 영광을 위하여 복음의 사역을 감당하라. 당신을 통해 하나님이 행하실 일을 바라보라. 주께서 당신을 참여시키실 그 일을 즐거움으로 기대하라.

선교적 사명을 수행하는 칼빈주의자

진정한 칼빈주의는 겸손한 칼빈주의고, 겸손한 칼빈주의는 곧 선교적 칼빈주의다. 칼빈주의는 본래 그 시작부터 이런 특징을 보였다.

    칼빈은 신학과 선교 분야에서 가장 위대한 인물 중 한 사람이다. 그는 단순히 학문 연구에만 몰두한 신학자가 아니었다. 칼빈은 목회자이고 신학자이자 교회 개척 전략가였다. 칼빈이 제네바에서 목회하던 당시에도 그는 프랑스 전역에서 벌어지던 교회 개척에 공세적으로 참여했다:

> 1555년까지, 칼빈과 그의 제네바 후원자들은 프랑스에 5곳의 교회를 개척했다. 4년이 흐른 후, 그들은 프랑스에 100곳의 교회를 개척했다. 1562년까지, 칼빈의 제네바는, 몇몇 형제 도시들의 도움을 받아, 프랑스에 2,000곳 이상의 교회를 개척했다. 칼빈은 유럽에서 가장 뛰어난 교회 개척가였다. 칼빈은 교회 개척에 필요한 모든 과정을 주도했다: 칼빈은 선교사들을 훈련했으며, 그들을 점검하고 파송했다. 조언을 해주고 서신을 왕래했으며, 자신이 파송한 선교사들과 교회 개척자들을 위해 기도했다.[36]

따라서 칼빈주의 구학파 Old-school Calvinism는 선교 지향의 칼빈주의였다. '신칼빈주의' 역시 그 최선의 모습은 선교를 지향한다. 만일 그렇지 않다면, 마땅히 그래야 한다. 나는 존 파이퍼가 했던 이 말이 옳은 것으로 입증되길 기도한다. "신칼빈주의는

---

36. John Starke, "John Calvin, Missionary and Church Planter" on The Gospel Coalition blog, https://www.thegospelcoalition.org/article/john-calvin-missionary-and-church-planter/

공세적으로 선교 지향적이다. 여기에는 사회적 악에 대한 선교적 차원의 역량 발휘, 개인 관계망에서의 전도적 역량 발휘, 그리고 전세계 미전도 종족에 대한 선교적 역량 발휘가 모두 포함된다."[37]

나는 이 거룩한 열정이 교회 개척 네트워크인 액츠 29에서 역동하는 모습을 보고 있다. 액츠 29는 교회 개척을 위한 전세계 다양한 교회들의 글로벌 네트워크로, 죄인을 구원하는 일에 하나님의 주권을 믿고 있다. 또한 그들은 문화에 참여하고, 선교적 삶을 살고, 중동이나 지구촌 도시 빈민가에 교회를 개척해야 한다고 믿는다. 그들의 〈2018 연례보고서〉에 따르면, 액츠 29에는 674곳의 교회들이 교회 개척을 위해 2천3백만 달러를 지원하기로 약정했다. 이 교회들은 40개국 이상의 나라들에 속해 있다. 호주, 부르키나파소, 칠레, 콩고민주공화국, 인도, 일본, 케냐, 레바논, 말라위, 모잠비크, 파키스탄, 루마니아, 슬로바키아, 터키, 아랍에미리트연합, 우간다 등이 포함된다. 이 네트워크 교회들을 통해 23개 다른 언어들로 선포되는 복음 중심의 설교를 들을 수 있다.[38] 이 네트워크 사역은 죄인들을 부르

---

37. John Piper, "The New Calvinism and the New Community" on Desiring God blog, https://www.desiringgod.org/messages/the-new-calvinism-and-the-new-community

38. Acts 29 2018 Annual Report, http://publications.acts29.com/annualreport-2018#!/stats

시는 하나님의 거부할 수 없는 은혜에 대한 확신 가운데 이루어진 놀라운 하나님의 사역이다. 이것은 하나의 사례일 뿐이며, 단 하나의 네트워크에 불과하다.

칼빈주의는 선교의 열정을 억누르지 않는다. 오히려 선교의 불을 지핀다. 진정한 칼빈주의는 언제나 교회 개척에 기폭제 역할을 해왔다. 우리 주님은 자신의 교회를 세우실 것이다. 주님은 자신의 백성을 통해 그의 백성을 부르실 것이다. 주님은 2천 년 전 고린도에서도 그렇게 하셨다. 그리고 오늘도 삶의 현장에서 우리와 함께 그 일을 행하실 것이다.

구칼빈주의와 신칼빈주의 모두가 이 진리를 고백한다: 하나님의 은혜는 거부할 수 없다. '죄인들을 구원하시는' 하나님의 부르심에 대한 이러한 고차원적인 관점은, 당연히 구원의 메시지와 함께 '우리를 보내시는' 하나님의 부르심에 대한 고차원적인 관점으로 이어져야 한다. 당신을 부르시고 믿게 하신 하나님은 또한 당신을 부르셔서 제자를 삼게 하신다. 성령님은 당신이 거듭나도록 이끄셨다. 그 성령님이 당신을 주의 이름을 널리 전하는 겸손한 동역자로 이끄신다. 일부러 선교에 참여하려고 애쓸 필요는 없다. 당신은 이미 선교적 삶의 현장 안에 들어와 있다. 칼빈주의자는 겸손하고 열정적인 복음 전도자가 될 수밖에 없다. 그것은 칼빈주의 교리에도 불구하고 그런 것이 아니라, 칼빈주의 교리 때문에 그런 것이다. 하나님의 부르심은 결코 거부할 수 없다. 우리는 하나님이 쓰시는 도구다. 하나님의 부르심은 돌이킬 수 없고, 취소시킬 수도 없다. 다음 장에서 이 사실을 자세히 살펴보자.

7
끝까지 붙드시는 아버지

나의 사랑하는 딸 아이비는 갓난아기 시절 잠 때문에 끔찍히도 우릴 고생시켰다. 수개월 동안 우리 부부는 좀비처럼 지내야 했다. 마침내 겨우 잠 습관이 고쳐질 무렵엔, 평화로운 단잠을 방해하는 또 다른 침입자가 온 집안을 뒤집어놓았다. 악몽이었다. 아이비는 뭔가 무섭고 두려운 것 같았다. 비명처럼 째지는 울음소리가 들리기만 하면, 나는 단숨에 달려가 딸 아이를 품에 안아 들고 이렇게 속삭였다. "아빠가 왔어. 이제 괜찮아. 아빠가 너를 꼭 안고 있단다." 내가 그렇게 안고 있는 동안 아이비는 내 엄지손가락을 자기 손으로 꼭 쥐곤 했다.

시간이 흘러 딸 아이비의 악몽도 서서히 잦아들었다. 그런

데 이번엔 아들이 문제였다. 올리버가 '뛰면 안 돼! 차 온다! 조심해야지!' 단계에 들어선 것이다. 아들과 함께 마트에 가는 날이면 차에서 내리기도 전에 여지없이 이렇게 말했다. "얘야, 아빠 손 꼭 잡아! 절대로 뛰면 안 돼! 여기는 차들이 계속 왔다갔다해! 잘못하면 다칠 수 있어! 아빠랑 꼭 붙어 있어야 돼!" 나는 주차장과 자동차의 위험성에 대해 아들에게 줄곧 경고했다. 아들을 사랑하기 때문이다. 그러므로 올리버는 반드시 아빠를 믿고 순종해야 한다. 물론 아들에게 내 손을 꼭 잡으라고 얘기하긴 하지만, 어린 아들이 아빠의 손을 쥐는 것보다 아빠인 내가 아들의 손을 꼭 붙들고 있는 것이 훨씬 더 중요하다. 우리가 서로의 손을 붙잡고 있는 동안, 아들이 왼손으로 쥐고 있는 아빠의 오른손은 아들의 오른손에 쥐어진 미키마우스 인형보다 훨씬 더 강력하게 아들을 지켜준다. 올리버의 작고 여린 그 손은 아빠의 손을 금방 놓칠 수도 있다. 하지만 아빠인 나는 아들의 손을 놓치지 않는다. 절대로 아들을 놓치지 않을 것이다. 우리가 함께 자동차들 사이를 지날 때, 후진 주차하는 차들을 기다릴 때, 횡단보도에서 인내심 있게 서 있을 때, 그런 순간마다, 아빠의 손이 꼭 붙들고 있는 한, 아들은 안전하다.

 갓난아기 딸이 아빠의 엄지손가락을 꼭 쥐듯이, 어린 아들이 주차장에서 아빠의 손을 꼭 쥐듯이, 우리는 하늘 아버지의 손을 꼭 쥐고 이 땅을 살아간다. 그러나 우리가 쥐는 것보다도,

하늘 아버지가 우리의 손을 꼭 붙잡는 것이 우리의 생존에 훨씬 중요한 문제가 된다. 우리는 아버지 손 안에서 영원히 안전하다. 예수님도 말씀하셨다. "내가 그들에게 영생을 주노니 영원히 멸망하지 아니할 것이요 또 그들을 내 손에서 빼앗을 자가 없느니라 그들을 주신 내 아버지는 만물보다 크시매 아무도 아버지 손에서 빼앗을 수 없느니라 나와 아버지는 하나이니라"(요 10:28-30). 우리를 붙드시는 하나님의 손에서 사탄이 우리를 낚아채 갈 수 없다. 우리도 하나님의 손을 놓칠 수 없다. 이 세상 어느 누구도, 이 세상 그 무엇도 우리를 하나님의 사랑에서 끊어지게 할 수 없다. "내가 확신하노니 사망이나 생명이나 천사들이나 권세자들이나 현재 일이나 장래 일이나 능력이나 높음이나 깊음이나 다른 어떤 피조물이라도 우리를 우리 주 그리스도 예수 안에 있는 하나님의 사랑에서 끊을 수 없으리라"(롬 8:38-39).

다시 예전으로 돌아갈 수 없다

튤립TULIP 교리의 'P'로 시작하는 마지막 꽃잎은 이 세상에서 가장 위안이 되고 확신을 주는 진리를 우리에게 가르친다: 한 번 받은 우리의 구원을 결코 잃어버릴 수 없다는 것이다. 바울도 이렇게 말한다. "너희 안에서 착한 일을 시작하신 이가 그리스도 예수의 날까지 이루실 줄을 우리는 확신하노라"(빌 1:6). 1691년, 청교도 저자 존 플라벨은 해당 구절에 대해 이같이 언급했다. "그리스도가 '우리를 위한' 그의 사역을 모두 완성하셨는가? 의심의 여지없이 그렇다. 하지만 그리스도는 또한 '우리 안에서'도 장차 그의 사역을 모두 이루실 것이다."[39] 성도의 견인Perseverance of the Saints 교리는 그리스도 안에 있는 신자들이 (그리스도로 말미암아) 새 하늘과 새 땅으로 안전하게 들어가, 거기서 그리스도와 더불어 영원히 다스리게 될 것을 가르친다.

신자들은 결코 불신자가 될 수 없다. '믿는 자'는 '안 믿는 자'가 될 수 없다! 우리에게 의심도 가능할까? 물론 그렇다. 우리가 죄를 지을까? 당연하다. 다시금 죄에 빠져들고 하나님의 은혜에 대한 기억을 흐리게 만드는 그런 시간도 찾아올까? 아마도 그럴 수 있다. 그러나 탕자도 결국은 아버지 집에 돌아온다. 예수님의 보혈의 피로 한번 덮인 우리의 죄가 다시 들춰질 수는 없다. 이것은 언제나 변함없는 진리의 말씀이다: "그러므로 이제 그리스도 예수 안에 있는 자에게는 결코 정죄함이 없나니"(롬 8:1). 마치 우편물의 날짜 도장처럼 찍혀 있는 '이제'라는 표현에 주목해 보라. 이제Now. 우리는 그리스도 안에서 영원한

---

39. John Flavel, *The Complete Works of John Flavel*, Vol. 1, 437.

현재, 영원한 '이제'의 상태에 살고 있다. 바로 지금, 이제, 그리스도 안에서 나와 당신은 더이상 정죄 당할 수 없는 존재다. 당신이 예수님을 처음 믿은 그 순간부터 지금 이 순간까지, 그리고 앞으로도 확신을 품고 믿음의 싸움을 벌이는 수많은 시간 동안, 그 모든 '이제'의 순간들 속에서도 결코 정죄함이 없을 것이다. 예수 그리스도 안에서 하나님이 허락하신 죄 사함의 은혜는 결코 취소되지 않는다. 당신이 정말 거듭났다면, 이후론 거듭나지 않은 상태로 다시 돌아갈 수 없다. 당신이 그리스도와 더불어 새로운 부활의 생명으로 일으키심을 받았다면, 하나님은 당신을 마치 모기를 쫓아내듯이 휙 쫓아버리거나 무덤에 다시 던져넣지 않으신다. 영원한 생명에 대한 하나님의 약속은 재고되거나 재협상할 수 있는 대상이 아니다.

아이를 잃어버린 (하나님은 나처럼 하지 않으시는) 사건

그동안 아내 나탈리가 잃어버린 선글라스, 직불카드, 신용카드 종류를 모두 열거하려면, 이 책은 배로 두꺼워질 것이다. 농담이 아니다. 내가 이 단락을 집필하는 동안에도, 방금 신용카드를 잃어버렸으니 카드 하나 더 신청해 달라는 문자를 아내로부터 받았다. 나는 아내를 사랑한다. 아내는 그렇게 물건을 잘 잃어버리지만, 그래도 나보다는 낫다.

나는 아이를 잃어버린 적이 있다.

몇 년 전 나는 애니메이션 영화 〈도리를 찾아서〉를 보여준다고 아이비와 올리버를 데리고 영화관에 갔다. 하지만 그 영화는 〈아이비를 찾아서〉로 끝나버렸다. 당시 올리버는 유아용 변기를 사용하는 배변 훈련 시기였는데, 영화 막바지에 이르러 작은 사고를 치고 말았다. 나는 아이비에게 속삭였다. "영화 끝나면 바로 계단으로 내려가자. 집에 얼른 가야겠어. 올리버가 작은 사고를 쳤단다." 영화의 엔딩 크레딧이 올라가자, 나는 올리버를 들쳐 안고 영화관의 큼직한 계단들을 성큼성큼 내달렸다. 그리고 계단 맨 아래서 아이비를 기다렸다.

아이비는 보이지 않았다.

나는 이동하는 관객들의 어깨 너머로, 그 사이 사이로 이리저리 고개를 빼고 살폈다. 그래도 딸 아이는 보이지 않았다. 나는 전략을 바꿔서 사람들을 발밑을 살피며, 딸의 분홍색 신발을 찾아 나섰다. 보이지 않았다.

나는 패닉에 빠졌다. '내가 놓쳤는지도 몰라…어쩌면 벌써 밖으로 나갔을지도 모르지…손을 잡고 내려왔어야 하는데.' 엉덩이가 축축하게 젖은 두 살배기 아들을 안은 채 이리저리 부딪혀가며 왔다갔다 했다. 나의 어린 딸을 찾아서, 딸의 분홍색 신발을 찾아서 출입구 복도를 샅샅이 살폈다.

그때 울음소리가 들렸다.

"아빠를 잃어버렸어요. 나…아빠…잃었어요."

급히 고개를 돌리자, 딸이 보였다. 딸은 울면서 직원에게 얘기하고 있었다. 불안과 두려움에 휩싸였던 나의 감정은 이내 안도감과 수치심으로 변했다. 저 사람이 자기 딸을 잃어버렸구먼. 저런. 그 사람이 바로 나다.

우리는 때로 중요한 물건을 엉뚱한 곳에 두거나, 잃어버리거나, 기억하지 못할 때가 있다(물론 당신의 아이는 아니길 빈다). 마찬가지로 성도의 견인 교리를 온전히 붙들고 있지 않으면, 구원에 대한 우리의 관점도 그렇게 될 수 있다. 우리가 만일 구원을 잃는다면 어떻게 할 것인가? 구원에 더이상 붙어 있지 못한다면? 내가 만일 구원을 이루지 못한다면? 하지만 우리는 우리의 믿음에 대해 마치 영화관의 아이비처럼 생각하는 (우리의 구원을 붙잡고 그것을 잃지 않는 것이 모두 우리 자신에게 달렸다고 생각하는) 구원관을 버릴 필요가 있다. 이 땅 현실의 삶에서 우리는 아이비와 전혀 다를 바 없다. 하지만 우리 하늘 아버지는 나보다 훨씬 위대하신 아빠다. 나는 잠시 딸 아이를 잃었지만, 하나님은 그의 자녀를 결코 잃지 않으신다. 절대 그런 일은 없다. 하나님은 자기 자녀를 견고히 붙드시며, 절대로 놓치는 일이 없으시다.

만일 우리가 구원을 다시 잃어버릴 수 있는 어떤 것으로 생각한다면, 항상 불안과 두려움, 염려와 근심 속에 살아갈 수밖에 없다. 내가 성경을 충분히 읽고 있는지, 기도를 충분히 하고 있는지, 또는 죄를 너무 많이 짓고 있어 구원을 놓치는 것은 아닌지 늘 걱정할 수밖에 없다는 것이다. 하나님은 우리에게서 그런 무거운 부담감을 가져가기 원하신다. 그것은 우리가 짊어져야 하는 짐이 아니다.

우리는 나 자신의 믿음을 지키고 구원을 보장하는 일에 있어서 나 스스로는 도저히 확신을 가질 수 없다. 사실 그럴 필요도 없다. 우리의 구원은 내 힘으로 하나님의 은혜를 내 안에 지금까지 잘 보존해 왔다고 자부할 수 있는 그런 사안이 아니다. 우리의 확신은 오직 그리스도 안에 있다. 우리가 그리스도인으로 남아 있는 이유는 우리가 좋은 그리스도인이어서가 아니다. 누가 예수님처럼 살 수 있는가? 예수님밖에 없다. 예수님이 우리의 확신이시다. 만일 당신이 구원을 잃는다면, 애초에 당신 안에 구원이 없었던 것일 수 있다. 당신이 하루아침에 그 일을 저지른 것이 아니다. 구원은 우리가 쉽게 이루거나 금방 망치거나 할 수 있는 종류의 것이 아니다. 만일 우리의 구원에 대한 안전보장이 우리의 행위와 노력에만 달렸다면, 우리에게는 소망이 없다. 모두 지옥행이다. 구원은 예수 그리스도에게 달려 있다. 그래서 우리에게 소망이 있고, 확신이 있으며, 기뻐할 이유가 생긴다. 우리 주님은 결코 실패하지 않으신다.

당신이 혹시 신학공부를 좋아하거나, 칭찬 받는 그리스도인

부모이거나, 또는 목회자라 하더라도 그런 것 때문에 믿음을 확신할 수 있는 것이 아니다. 만일 그런 것을 근거로 확신을 갖는다면, 인터넷 상에서 논의되는 최신 신학 논쟁을 도저히 따라가지 못할 경우 어떻게 되겠는가? 당신이 멋진 부모가 되는 것에 실패한다면 어떻게 할 것인가? 당신이 목회 사역에서 은퇴할 때가 온다면? 당신의 구원의 확신을 올해의 성경읽기 계획, 자녀들의 바른 품행, 또는 당신의 이메일 서명('주 안에서 아무개' 등등)에서 찾지 말라. 그것은 자신의 노력으로 안전을 확보하려는 헛된 시도일 뿐이다. 하나님 앞에서 나의 마음을 안심시키기 위해 나의 노력과 행위로 문제에 접근하려 하지 말라. 오직 그리스도만이 우리의 유일한 최종 확신이 되신다. 당신은 지금까지 붙들고 있던 특정 무리나 연대에서 언젠가는 떨어져 나갈 수 있다. 식료품 상점에서 당신의 뚜껑이 열릴 수도 있다. 심지어 당신의 목회 사역을 잃게 될 가능성도 있다. 그러나 당신이 그리스도를 잃을 수는 없다. 그리스도가 당신을 결코 놓지 않으실 것이기 때문이다. 마지막까지 구원을 이룰 것이란 겸손한 확신 가운데 오직 믿음으로 살기 바란다. 우리가 노력으로 얻어냈기 때문이 아니라, '이제' 예수 그리스도와 연결되어 있기 때문이다. 또한 하나님이 친히 그 사랑하는 자녀를 모든 환난과 시험에서 굳게 붙드시고 지켜주실 것을 우리가 확신하기 때문이다(유 24절).

당혹감 또는 교만이 아닌

그리스도를 바라보는 겸손한 믿음의 확신이 없다면 그 자리에 뭐가 남을까? 낭패나 당혹감 또는 교만이나 자만심이다. 힘겹게 믿음의 싸움을 싸우면서도 모든 것이 그리스도께 달려 있다는 사실을 망각한다면, 우리는 십중팔구 패닉에 빠지고 낭패를 보게 될 것이다. '아, 나는 결국 못할 것 같아. 난 이제 패배자야. 너무 많은 것을 망쳤어. 계속 엉망이야. 지금쯤이면 이 문제는 해결했어야 하는데.' 반대로, 믿음 생활은 잘 하고 있지만 모든 것이 전적으로 그리스도께 달려 있음을 망각한다면, 우리는 스스로 교만해지고 말 것이다. '나 정도면 괜찮은 그리스도인이지. 잘 하고 있잖아. 그런데 왜 다른 형제자매들은 그렇게 힘들어하는 거지? 도저히 이해가 안 돼. 어째서 다들 나처럼 할 수 없냔 말이지. 그렇게 힘든 것도 아닌데!' 그러나 성도의 견인에 대한 올바른 이해는 오직 그리스도만이 우리의 확신이 되심을 가리킨다. 예수 그리스도는 우리가 믿음을 포함한 모든 종류의 영적 열매를 맺게 하시는 참 포도나무라는 것이다. 우쭐댈 필요도, 당혹스러워할 필요도 없다. 구원의 마지막 종착역에 다다르게 하는 성도의 견인은 오직 예수 그리스도 안에서 발견된다.

그리스도인으로 살아가면서 우리에게 확신이 사라지는 원

인 가운데 하나는 우리가 구원을 종종 하나님의 인정을 확인하는 일종의 증명서처럼 생각하기 때문이다. 우리에게 서류가 갖춰졌고 원본임이 확인되었으므로, 우리는 움직인다. 이제 남은 가장 중요한 임무는 그 증명서를 잃어버리지 않고 간수하다가 마지막 날에 제출하는 것이다? 아니다. 구원은 천국 입학 허가 증명서가 아니다. 구원은 예수 그리스도와 연결되는 것이다. 그리스도 안에서 세례를 받는 것이다. 구원은 지속적인 믿음의 선물이다. 그 믿음으로 그리스도 안에 거하고, 그리스도로 말미암아 견디며, 그리스도를 아는 지식으로 즐거워하게 된다. 그리스도 안에 있다는 것은 곧 구원을 받았다는 뜻과 같다. "그러므로 내가 택함 받은 자들을 위하여 모든 것을 참음은 그들도 그리스도 예수 안에 있는 구원을 영원한 영광과 함께 받게 하려 함이라"(딤후 2:10).

구원은 그리스도 안에 있는 상태다. "죄의 삯은 사망이요 하나님의 은사(선물)는 그리스도 예수 우리 주 안에 있는 영생이니라"(롬 6:23).

영생은 그리스도 안에 있는 상태다. 그리스도와의 연합은 영원한 삶의 보증이다.

영광스런 복음에 대해 깊이 묵상해 보라. 그러면 우리가 마지막까지 인내하게 될 수밖에 없는 이유를 그 안에서 발견할 것이다. 그리스도께서 하나님 아버지의 인정을 받으셨기 때문이다. 그래서 우리도 영원히 하나님의 인정을 받는 것이다. 그리스도께서 의로우시기 때문에 우리도 의롭다 여김을 받는 것이다. 우리가 그리스도와 영원히 연합되었기 때문에, 그리스도와 함께 하나님 나라를 유업으로 물려받는 것이다. '그리스도 안에 있음.' 바로 그것이 우리의 영원한 안전을 보장한다. 예수 그리스도는 하나님 아버지 우편에 마련된 자리를 결코 상실하지 않으실 것이며, 그에게 맡겨진 양들도 결코 잃어버리지 않으실 것이다. "나를 보내신 이의 뜻은 내게 주신 자 중에 내가 하나도 잃어버리지 아니하고 마지막 날에 다시 살리는 이것이니라"(요 6:39).

아들을 향한 아버지의 뜻은 그리스도가 우리를 마지막 날까지 이끌어 부활케 하시는 것이다. 이 진리를 굳게 붙잡으라. 마커스 피터 존슨은 그 진리를 포착했다: "우리가 그리스도 안에서 보전된다는 것은 우리가 그리스도와 한번 연합한 이상 그리스도께서 우리를 계속 그의 곁에 가까이 붙드시고 결코 놓지 않으실 것을 약속하신다는 뜻이다."[40]

우리가 구원 받는 이유, 우리가 구원을 유지하는 이유는 모두 예수 그리스도 그분에게 있다. "한번 구원은 영원한 구원"이

---

40. Marcus Peter Johnson, *One with Christ: An Evangelical Theology of Salvation*, 170-171.

라는 쉽게 기억할 수 있는 좋은 표현이 있지만, 우리는 더 나은 표현도 생각해 볼 수 있다: "한번 그리스도 안에 거하면, 영원히 그리스도 안에 거한다."

우리는 인내하고 견딘다. 하나님이 우리를 끝까지 보전하시기 때문이다. 바울은 이렇게 말한다:

> 주께서 너희를 우리 주 예수 그리스도의 날에 책망할 것이 없는 자로 끝까지 견고하게 하시리라 너희를 불러 그의 아들 예수 그리스도 우리 주와 더불어 교제하게 하시는 하나님은 미쁘시도다(고전 1:8-9).

어제 당신이 그리스도에게서 떠나지 않은 이유를 아는가? 하나님이 당신을 붙드셨기 때문이다. 내일도 당신이 그리스도를 거부하지 않게 될 이유를 알고 있는가? 하나님이 당신을 붙드실 것이기 때문이다. 우리는 이러한 겸손한 확신 가운데, 신실하게 인내하고 열매를 맺으면서, 우리의 구원을 이루어갈 수 있다. 하나님이 우리 안에 역사하고 계시기 때문이다.

"우리는 은혜 안에서 인내한다." R. C. 스프라울은 이렇게 말한다. "그 이유는 하나님이 우리를 향한 그의 사랑 안에서 인내하시기 때문이다."[41] 창세 전에 이미 우리를 택하신 아버지, 십자가에서 우리의 죗값을 치르신 그 아들, 그리고 우리를 거듭나게 하신 성령께서 우리의 구원을 온전히 지키시기 위해 한마음으로 일하신다. 하나님이 단지 우리의 칭의 판결만을 확증하고 보장해 주시는 것이 아니다. 우리의 성화, 부활, 영화, 그리고 장차 우리가 받을 기업까지 모두 보장해 주신다(롬 8:30). 하나님은 우리의 마지막 결말을 주권적으로 이미 정해 놓으셨다. 그뿐 아니라 결말에 이르는 모든 과정과 방편까지 하나님의 선하신 뜻에 따라 정해 놓으셨다. 하나님은 우리를 그 아들의 형상으로 계속 빚어가실 것이다.

확신하되 자기기만에 빠지지 말라

성도의 견인 교리는 우리에게 있을 수 있는 낭패와 자만을 방지해 줄 수 있다. 하지만 그 진리가 우리를 감동시켜 마음 깊이 새겨지기 전까지는, 교리 자체가 우리를 겸손한 확신으로 무조건 인도하는 것은 아니다. 만일 성도의 견인이 우리 머릿속

---

41. R. C. Sproul, *What is Reformed Theology? Understanding the Basics*, 211.

에 지식으로만 남아 있으면, 우리 안에서 확신이 아니라 자기기만complacency을 야기할 위험이 있다.

성도의 견인 교리를 머리로만 이해할 경우 어떤 일이 발생할 수 있는지 예를 들어보자. 먼저 자기 자신에 대해서는 이렇게 생각할 수 있다: '그래, 어차피 하나님이 나를 지켜주실 텐데. 하나님이 나를 붙들고 계시지. 모든 게 하나님에게 달렸어. 나에게 달려 있는 게 전혀 아니란 걸 잘 알아. 나는 그걸 겸손하게 인정할 뿐이지. 그래, 그러니까 이런 반복되는 죄는, 물론 잘못이지. 나도 알아. 하지만 그것이 나의 구원에 지장을 주지는 못해. 하나님이 나를 붙드시는데, 뭐. 그러니까 괜찮아. 몇 주 동안 하나님의 말씀을 한 번도 읽지 않았네. 하지만 성경 읽는 게 뭐 대순가. 하나님이 나를 지켜주실 텐데 말이야!'

우리가 그것을 머리로만 이해하고 자기기만에 빠지면 다른 형제자매에 대해서는 이렇게 생각할 수 있다: '게리가 한동안 교회에서 안 보이네. 그 친구 아내 얘기로는 게리가 신앙을 잃었다던데. 알고 보니 그 친구 애당초 구원 받은 사람이 아니었구먼.'

'케이트는 예수님에게 우선순위를 두는 걸 그렇게 어려워한단 말이야. 애들도 어리고, 남편도 안 믿고, 직장도 변변찮고, 건강까지 문제가 있으니 힘들 만도 하네. 그래도 하나님이 저 자매를 붙들고 계시니 얼마나 다행이야. 곧 괜찮아지겠지.'

아니, 절대 아니다. 그리스도 안에서 견딘다는 것은 하나님을 향한 우리의 열정이 미적지근해지고 우리의 죄와 형제자매들의 고난에 수동적으로 반응해도 괜찮다는 뜻이 아니다. 성도의 믿음이 흔들리거나 그리스도를 따르는 삶이 힘들어질 때, 단지 그것이 신학적으로 어떤 의미가 있는지 알려주기 위해 성도의 견인 교리가 존재하는 것이 아니다. 이 교리는 우리가 아무 일도 하지 않는 것에 대한 핑곗거리를 얻기 위해 의도된 것이 아니다. '성도의 견인'이라는 표현 자체가 우리에게 자기 안주 또는 자기기만의 여지가 있을 수 없는 까닭에 대해 말해 준다. 그 이유는 이렇다.

한 성도로서의 인내를 말한다

첫째, 우리는 '성도'Saints의 견인을 이야기하고 있다. 여기서 '성도'(성인)라는 표현은 스테인드 글라스에 새겨진 성인들이나 유럽 바실리카 양식 성당의 성화 속 인물들, 또는 교황이 성인으로 시성한 사람들에게 국한되는 표현이 아니다. 우리는 매주일 오전마다 성도들을 만날 수 있다. 보험 설계를 하고, 사무실에서 하루종일 일하고, 집에서 아이를 돌보고, 배송 트럭을 운전하는 성도들을 볼 수 있다. 모든 그리스도인이 성도다.

'성도'는 바울이 그리스도인을 가리켜 즐겨 사용하는 표현이기도 하다. 바울이 교회들에게 보내는 편지의 첫 인사말에서 자주 읽을 수 있다. 성도란 '거룩한 사람들'holy ones 또는 '구별된 사람들'set apart ones을 의미한다. 우리가 가톨릭교회의 시성식 같은 예식을 통해 성도(성인)의 지위에 올랐다는 것이 아니다. 믿음으로 말미암아 주 예수 그리스도, 곧 이스라엘의 거룩하신 이와 연합하는 때, 우리는 성도, 곧 거룩한 자가 되었다. '성도'는 우리 자신이 누구인지 규정할 뿐 아니라 우리가 어떻게 살아야 하는지에 대해 말한다. 우리는 거룩한 자로서 인내하고 거룩한 자로서 경건을 추구한다.

그리스도 안에서 우리의 영원한 안전이 보장되었다는 것은 거룩한 삶을 추구하기 위한 우리의 발걸음을 멈춰도 된다는 의미가 아니다. 죄에서 떠나고, 교회의 가족들을 사랑하고, 하나님의 말씀에 순종하는 것은 여전히 중요하다. 이런 것들은 우리 삶에서 이루어지는 성령의 역사이자 믿음의 열매다. 그것은 주님을 보게 될 자들에게 나타나는 매우 중요한 표시이기도 하다: "모든 사람과 더불어 화평함과 거룩함을 따르라 이것이 없이는 아무도 주를 보지 못하리라"(히 12:14). 성도의 견인은 부활하신 주님을 따르는 제자로서의 삶이라는 현실을 축소시키지 않는다. 그것은 오히려 제자도의 길을 독려한다. 계속 그 길로 가라. 당신은 해낼 것이다. 그리스도가 당신 안에 살아 계신다.

그리스도 안에 있는 성도의 모습 그대로 행동하라. 성도의 견인 교리를 머리로는 수긍할 수 있다. 하지만 당신의 믿음이 당신에게 달린 것이 아니며 하나님이 당신을 믿음 안에 머물도록 지키실 것임을 알기에 그로 말미암아 경건을 추구할 때, 비로소 그 교리는 당신 마음에 머물게 될 것이다. 하나님의 보전하시는 능력 안에서 인내하고 참으며 견딜 때, 그 교리는 당신 마음에 머물게 될 것이다. 이 논리는 신약성경에도 여실히 드러나 있다:

> 사랑하는 자들아 우리가 지금은 하나님의 자녀라 장래에 어떻게 될지는 아직 나타나지 아니하였으나 '그가 나타나시면 우리가 그와 같을 줄을 아는 것은' 그의 참모습 그대로 볼 것이기 때문이니 '주를 향하여 이 소망을 가진 자마다 그의 깨끗하심과 같이 자기를 깨끗하게 하느니라'(요일 3:2-3).

성도는 죄 없는 자들이 아니다. 우리는 우리의 심장이 멎는 순간까지 또는 마지막 나팔소리가 울리는 그 순간까지 죄와 힘겹게 싸울 것이다. 하지만 여기서의 핵심은 '싸움'이다. 신자는 자신의 죄와 싸운다. 때로 우리는 패배의 아픔을 맛본다. 그러나 우리는 포기하지 않는다. 성도는 성화의 삶 및 그에 따르는 모든 것들 (곧 책망, 교화, 고백, 회개 그리고 회복)을 견디고 인내할 것이다. "그러므로 나의 사랑하는 자들아 너희가 나 있을 때뿐 아니라 더욱 지금 나 없을 때에도 항상 복종하여 두렵고 떨림으로 너희 구원을 이루라 너희 안에서 행하시는 이는 하나님이시니 자기의 기쁘신 뜻을 위하여 너희에게 소원을 두고 행하게 하시나니"(빌 2:12-13). 성도의 견인은 자기기만적이고 경솔하고 게으른 신앙생활의 근거를 일절 제공하지 않는다. 우리는 그리스도의 제자로, 앞으로 나아가는 추종자들로 부름을 받았을 뿐, 아직 변화를 경험하지 못한 과거의 그때로 퇴보하는 결정을 내리는 자들이 아니다.

마라톤 경주자의 길

그렇다면 성도의 견인 교리와 관련해 이런 명백한 질문이 제기될 수 있다: 한때 신앙을 고백했고 교회를 섬기는 자리에도 있었지만, 끝까지 견디지 못하는 사람들은 어떻게 되는가? 이에 대해 성경은 명확히 답한다: "그러나 끝까지 견디는 자는 구원을 얻으리라"(마 24:13). 마라톤 경주를 상상해 보라. 어떤 의미에선 경주에서 달음질하는 모든 사람이 마라토너다. 하지만 또 다른 의미에선, 오직 마지막까지 마라톤 경주를 완주하는 사람만이 진정한 마라토너다. 뛰다가 중도에 포기하는 사람을 마라토너라고 부를 수는 없다.

그리스도인 마라톤 경주에서 완주하지 못하는 사람들에 대한 평가가 쉽지 않은 이유는 대부분 우리가 "그리스도를 위해 결단하는 것"을 그리스도의 제자가 되는 것으로 혼동하는 경향이 있기 때문이다. 그리스도의 제자가 되는 것은 예수님이 누구시며 그가 어떤 분이신지를 인정하는 것 이상의 의미를 갖는다. 복음서에 보면 귀신들도 항상 예수님의 정체를 인정한다. 교회에는 소위 귀신들의 그것과 유사한 '믿음'을 소유한 사람들로 가득하다. 사람들은 입으로는 예수님이 하나님의 아들이라고 줄곧 말하곤 하지만, 그렇게 고백하고 나서도 하나님을 사랑하거나 형제자매를 사랑하는 모습을 보이진 않는다. 그리고 매주 교회로 슬그머니 들어왔다가 슬그머니 빠져나가면서도 그들의 죄를 못박았던 십자가는 못본 척 뒤로 흘려버린다. 예수님의 제자가 되는 것은 단지 결단하는 것 이상을 의미한다. 기도문을 외우는 것이 우리를 지옥 형벌에서 지켜주지 못한다. 소위 믿음의 고백이란 것도 마찬가지다. "한번 구원은 영원한 구원"이라고? 물론 그렇다. 그러나 성경은 "한 번의 고백으로 영원히 보호받는다"고는 가르치지 않는다. 예수님은 분명히 말씀하셨다. "나더러 주여 주여 하는 자마다 다 천국에 들어갈 것이 아니요 다만 하늘에 계신 내 아버지의 뜻대로 행하는 자라야 들어가리라"(마 7:21). 제자도의 삶은 우리가 우리 자신의 주인이요 구세주임을 부인하고, 우리 자아를 못 박은 자기 십자가를 지고 참 주인 되신 그리스도를 따르는 것이다. 그리고 그것은 우리의 인내를 통해, 지속적인 제자의 삶을 통해 증명된다. 그리스도 안에서 새로운 피조물로 살아가는 것이 성도를 향한 하나님의 뜻이다.

이와 관련해 히브리서 저자는 '…라면'[if]이라는 가정법을 쓰고 있다. "우리가 시작할 때에 확신한 것을 끝까지 견고히 잡고 '있으면' 그리스도와 함께 참여한 자가 되리라"(히 3:14). 이 구절은 다소 혼동을 일으킬 수 있다. 우리는 이미 그리스도 안에서 참여한 자들이 되었다. 그리고 동시에 우리는 마지막까지 '견디면' 구원을 받는다. 안주하거나 자기기만에 빠진 그리스도인이란 있을 수 없다. 성도의 견인 교리는 신자에게 우리가 마지막까지 인내하고 구원을 이룰 것에 대한 확신을 준다. 하지만 이것은 우리가 몸을 편안하게 기댄 채 시원한 음료수를 마시고 있기만 해도 된다는 뜻이 아니다. 우리는 치열한 영적 전쟁터 한복판에 서 있다. 우리는 마지막 결승선을 향해 내달리고 있다. 그리스도와 함께 참여한 자는 마지막까지 견디며, 경건을 추구하고, 믿는 바를 삶으로 드러낼 것이다. 하나님이 그의 성도들을 붙들고 지켜주시기 때문이다. 만일 믿음이 무너지고 있다면 그런 시간은 우리에게 두려움과 떨림의 순간이 되어야 마땅하다. 반면 믿음이 무너지는 순간에도 "그래, 알고 있어"라는 식의 자기기만, 성가신 듯이 내뱉는 한숨, 그리고 신학적으로 깔끔하게 정립된 해설은 소용이 없다. 당신도 혹시 신앙의 위기를 겪게 된다면 영국의 개혁자 존 브래드포드의 믿음의 고백을 기억하라. "하나님의 은혜가 있으니, 내가 나아가노라."

따라서 우리에게는 자기기만이나 안주하는 자세가 있을 수 없다. 그런 자세는 교만으로 치닫는 지름길이며 하나님은 교만한 자를 대적하시기 때문이다. 하나님은 오직 겸손 가운데 믿음으로 확신을 얻는 자에게 은혜를 베푸신다(약 4:6-7). 겸손함으로 확신을 품은 그리스도인의 기도는 다음과 같다. "오 하나님, 오늘도 넘어지지 않게 저를 붙들어 주소서! 아버지여, 오늘 제게 필요한 믿음을 허락해 주소서! 오직 주님만이 저의 유일한 소망이십니다!" 오늘도 당신은 예수님을 신뢰하고 사랑하며, 예수님께 순종하길 소망하는가? 그렇다면 당신은 주님과 얼굴을 마주할 그날까지 견디고 인내할 것을 겸손함으로 확신할 수 있다.

성도'들'과 함께 하는 인내

우리에게 자기기만의 여지가 없는 이유는, 우리가 거룩한 삶으로 그리고 믿음의 경주로 부르심 받은 성도들saints이기 때문이다. 우리에게 자기기만의 여지가 없는 또 다른 이유는, 이 교리가 성도'들'의 견인Perseverance of the Saint'S'에 대한 것이기 때문이다. 복수형이다. 성도는 혼자가 아니다. 하나님은 성도인 우리가 더불어 함께 인내하며 살아가도록 생태계를 마련해 주셨다.

나는 헬스장의 몸짱 맨은 아니지만 친구와 함께 하는 운동은 뭔가 도움이 된다. 함께 하면 더 많이 달릴 수 있다. 더 오래 버틸 수 있다. 하지만 혼자서 운동하면, 내적 갈등 없이 쿨하게 포기하고 만다. '이제 그만할까'라는 생각이 떠오름과 동시에 '그래 그만' 하고 바로 손을 턴다. 그러곤 끝이다. 하지만 친구와 함께 있으면 훨씬 더 힘을 낸다. '한 번만 더 하자고. 한 세트만 더. 조금만 더 빨리!' 성도의 견인도 마찬가지다. 다른 성도의 존재가 나를 더 인내하도록 독려하는 힘이 된다. 그리스도인의 삶과 믿음의 경주에도 똑같은 원리가 적용된다. 성도의 견인은 성도들과 함께 하는 인내다.

히브리서 기자는 우리를 보전하시기 위해 하나님이 고안하신 신앙의 생태계에 대해 이야기한다:

> 형제들아 너희는 삼가 혹 너희 중에 누가 믿지 아니하는 악한 마음을 품고 살아 계신 하나님에게서 떨어질까 조심할 것이요 오직 오늘이라 일컫는 동안에 매일 피차 권면하여 너희 중에 누구든지 죄의 유혹으로 완고하게 되지 않도록 하라 우리가 시작할 때에

확신한 것을 끝까지 견고히 잡고 있으면 그리스도와 함께 참여한 자가 되리라(히 3:12-14).

거부할 수 없는 은혜를 다룬 앞장에서 보았듯이, 하나님은 자기 백성을 구원하시는 과정에서 한 역할을 맡기시려고 우리를 부르신다. 마찬가지로 하나님은 자기 백성을 보전하고 붙드시는 과정에서도 한 역할을 맡기시려고 우리를 부르신다. 우리는 성도들이 서로의 견인을 이루도록 지켜보아야 한다.

하나님은 우리가 '날마다' 인내하며 살아가는 일에서 서로를 격려하도록 의도하셨다. 왜 날마다인가? 우리 육신의 정욕은 멈추지 않기 때문이다. 사탄은 주말에도 쉬지 않는다. 월요일부터 금요일까지 주중에만 활동하지도 않는다. 우리의 형제자매들을 위해 우리도 마찬가지로 그렇게 움직여야 한다. 우리는 나의 뒤를 든든히 받쳐주고, 내가 넘어질 때 다시 일으켜 세워줄 동료들이 필요하다. 그리고 우리는 동료들을 위해, 그들의 힘겨운 싸움에서, 그들의 이탈을 바로잡기 위해, 언제든 그들을 도울 준비가 되어야 한다.

겸손한 칼빈주의는 서로의 영원한 안전을 위해 많은 투자를 감행한다는 것을 의미한다. 만일 무엇인가를 목격했다면, 그것에 대해 말하라. 만일 형제나 자매의 삶에서 하나님의 은혜와 성숙의 증거를 발견한다면 격려하고 힘을 북돋우라. 만일 불신의 증거, 회개하지 않은 행동들 또는 불경건한 태도들을 발견한다면, 물러서지 말고 담대하게 권면하라. 주 안에서 함께 형제와 자매가 된 사람들은 당신의 손길을 빌어 그리스도의 피 묻은 십자가와 빈 무덤, 그리고 거기서 울려 퍼지는 성령의 음성과 능력을 날마다 상기해야 하는 존재다. 오늘도, 내일도, 주님 오실 그날까지 그 일은 계속되어야 한다. 우리는 나 자신을 위해서도 그렇게 도와줄 사람들이 필요하다.

우리는 성경의 공동체적 특성을 잊을 때가 자주 있다. 신약의 여러 서신들은 공동체 안에서, 공동체를 위해, 공동체를 향해 기록되었다. 우리는 성도들과 동떨어져 홀로 고립된 채, 성경의 가르침을 따르고 모든 것을 견뎌낼 수는 없다. 신약 성경에서 '우리가…하자'$^{let\ us}$라는 표현이 얼마나 자주 사용되는지 아는가?

성경은 우리가 성도들과 함께 인내할 것을 촉구하고 있다. "[let us] 그러므로 우리가 화평의 일과 서로 덕을 세우는 일을 힘쓰나니"(롬 14:19). "[let us] 그런즉 사랑하는 자들아 약속을 가진 우리는 하나님을 두려워하는 가운데서 거룩함을 온전히 이루어 육과 영의 온갖 더러운 것에서 자신을 깨끗하게 하자"(고후 7:1). "[let us] 오직 사랑 안에서 참된 것을 하여 범사에 그에게까지 자랄지라 그는 머리니 곧 그리스도라"(엡 4:15). 우리는 이 말씀을 읽으며 종종 이런 생각을 한다. "앞으로는 나도 거룩한 삶을 추구하고, 나 스스로를 깨끗하게 하고, 나를 더 성장시켜야겠다." 바람직한 생각이다. 그러나 주어를 '나'가 아닌 '우리'로 바꿔야 한다. '앞으로는 우리도…우리 스스로를…우리를 더.' 이런 식으로 생각할 필요가 있다. 그리스도인의 공동체는 그저 성경공부 모임이 아니다. 모여서 다과를 나누며 친목을 도모하는 게 목적이 아니다. 그보다 훨씬 크고 중요한 의미와 목적이 있다. 히브리서는 '[let us] 우리가…하자'로 시작되는 새로운 지평을 우리에게 열어준다:

> [Let us] 또 약속하신 이는 미쁘시니 우리가 믿는 도리의 소망을 움직이지 말며 굳게 잡고 서로 돌아보아 사랑과 선행을 격려하며 모이기를 폐하는 어떤 사람들의 습관과 같이 하지 말고 오직 권하여 그날이 가까움을 볼수록 더욱 그리하자(히 10:23-25).

우리가 고백하는 믿음의 소망을 굳게 잡고, 주중이든 주일이든 성도들과의 모임을 피하거나 귀찮게 여기지 말라. 우리는 그런 만남이 필요한 존재다. 우리의 교회는 그런 것이 필요하다. 그리스도인 공동체는 단지 한 주를 그럭저럭 무난하게 보내거나, 또는 힘든 시기를 잘 견뎌내기 위한 하나의 방편이 아니다. 성도들의 공동체가 우리의 삶에 두루 도움을 주는 것은 사실이지만, 하나님은 그리스도인 공동체 모임에 담긴 더 깊은 의미를 우리가 깨우쳐 알길 원하신다. 히브리서는 우리가 심판의 날이 가까움을 볼수록 서로를 더욱 위로하고 격려할 것을 권면한다. 그리스도의 날까지 인내하며 우리의 구원을 이루기 위해, 우리 모두는 그리스도인 공동체가 반드시 필요하다.

성도'들'의 견인을 진지하게 받아들인다면, 다른 성도들의 견인을 위해 우리가 더 많은 노력을 기울이고 더 많은 대가를 치러야 할 것이다. 당신은 어떤가? 다른 그리스도인들에 대해 미온적인가? "기도할게요"라고 말하고 나서 정말로 그들을 위해 기도하는가? 아무 문제없이 잘 지내는 그리스도인 친구와 교제하는 것이 수월하고 편하겠지만, 그럼에도 불구하고 당신은 어려움에 처하고 힘든 시기를 겪는 이들과 함께 하려고 노력하는가? 원만했던 형제 그리스도인과의 관계가 위태로워질 수 있음에도 불구하고, 당신은 눈물어린 호소와 간절한 기도로, 형제에게 반드시 필요한 사랑의 권면을 할 수 있겠는가? 당신의 기나긴 믿음의 경주에서 다른 성도들의 역할을 무시하지 말라. 마찬가지로 다른 성도들이 믿음의 인내를 추구하는 그 모든 싸움에서 당신의 역할 또한 간과하지 말라. 모두 다 반드시 필요한 것들이다.

우리 모두는 시시때때로 넘어진다. 붙잡고 있던 손에 힘이 풀릴 때도 있다. 그러나 하늘 아버지는 우리의 손을 절대 놓치지 않으신다. 만일 당신이 그리스도 안에 있으면, 당신은 영원히 언제나 그리스도 안에 있을 것이다. 그 어떤 죄의 권세도 당신을 그리스도에게서 멀어지게 할 수 없고 그의 사랑에서 끊을 수 없다. 예수님이 이미 그 죗값을 다 지불하셨다. 겸손한 칼빈주의는 하나님의 손 안에서 쉼을 얻고 하나님의 품 안에서 평안과 안식을 누린다. 수치스러움에 당혹스러워할 것도, 자부심에 교만해 할 것도 없다. 자기기만과 안주에 빠질 여지도 물론 없다. 우리는 성도로서 인내할 뿐이고, 성도들과 함께 끝까지 견딜 뿐이다. 우리는 그저 확신 가운데 겸손하게 인내할 뿐이다. 요람에서 무덤까지, 어린 양의 생명책에서 어린 양의 혼인 잔치에 이르기까지, 우리는 언제나 영원토록 하나님의 손 안에 있다. 사랑과 권능의 아버지께서 지금도 영원히 우리를 붙잡고 계신다.

8
겸손하고 행복하라

나는 허블 우주망원경과 그 망원경이 지구로 전송하는 (고양이 눈 성운, 스타워즈에 나올 법한 광경, 그리고 하나님의 영광을 선포하는 우주 천체) 이미지들에 열광하는 팬이다. 그래서 미항공우주국이 새로 내놓은 경이로운 발명품, 제임스 웹 우주망원경에 대해서도 흥분하지 않을 수 없다. 단, 이 장치가 아직 지상에 머물러 있다는 사실만 제외하면 말이다. 8조 원짜리 이 기계는 현재 수리 중에 있는데, 이유인즉, 나사 몇 개가 풀렸고 배선이 엉켜 이상 전류가 흘렀으며, 누군가 추진 엔진을 청소하면서 엉뚱한 용해제를 사용했기 때문이다. 이러한 세 가지 실수 탓에 발사 일정이 몇 년 더 늦춰졌고, 예산 비용도 7천억 원 가량 더 추가됐다. 이 우주망원경은 우주의 경이로운 아름다움을 발견하기 위해 개발된 장치임이 분명하지만, 인간의 실수들로 인해 발사는커녕 지상에 머물러 있기만 한 상태다.

마찬가지로 우리의 실수 때문에 칼빈주의가 격납고에 처박혀 있지 않길 바란다. 나사는 단단히 조이자. 튤립^{TULIP} 교리는 본래 아름다운 하나님의 은혜를 보게 하는 망원경이다. 이 교리는 하나님의 위대한 구속 사역을 우리에게 생생한 이미지로 보여줄 뿐 아니라, 우리가 그것을 감당할 수 있도록 간추린 요지로 제시해 준다. 칼빈주의는 우리로 하여금 창조주 하나님께 겸손함으로 감사를 드리게 하는데, 이것이 이 교리의 정상적 기능이다.

'겸손한 칼빈주의'란 표현은 결코 모순적인 것이 아니다. 오히려 그 실체를 있는 그대로, 제대로 표현한 것이다. 칼빈주의는 언제나 우리에게 겸손을 불러일으킨다. 이것이 정상이다. 튤립 교리의 요지들이 지식적인 이해의 차원을 넘어 우리의 마음에 깊이 자리하게 되면, 우리의 말과 행동과 태도에서 겸손과 감사와 은혜의 모습이 흘러나오게 된다. 그렇지 않다면 그 가르침은 불발탄이고 엉터리 모조품이다.

20세기 전환기의 칼빈주의자 아브라함 카이퍼는 목회자이자 저술가로 활동하면서 (마치 그것만으로 부족한 듯) 네덜란드 총리를 역임했다. 카이퍼는 진정한 칼빈주의자의 특징에 대해 이

렇게 묘사했다:

> 자신의 영혼과 인격에서 전능자의 위엄에 압도당한 사람, 그 영원한 사랑의 강권적인 능력에 완전히 항복한 사람, 사탄과 이 세상에 그리고 자신의 세속적 욕망에 맞서서 그 장엄하고 위대한 사랑을 감히 선포하기로 작정한 사람, 하나님에 의해 친히 택함 받은 자라는 개인적 확신이 확고한 사람, 따라서 그 모든 영원한 은혜로 말미암아 오직 하나님께 감사드리고 주께 감사드릴 수밖에 없는 사람, 오직 그런 사람만이 진정한 칼빈주의자로서 칼빈주의 깃발을 들어올릴 수 있을 것이다.[42]

진정한 칼빈주의는 겸손하고 하나님을 즐거워하며, 자기 이웃을 사랑하는 칼빈주의다. 소위 칼빈주의자라고 하면서 교만하고 불친절하며 참지 못하고, 교리 싸움에서 이길 만한 영적 은사가 자신에게 있다고 믿는다면, 그것은 칼빈주의 은혜의 교리에 어떤 하자가 있음을 암시하는 것이 아니다. 오히려 그것은 칼빈주의자라는 우리 마음에 문제가 있음을 드러내는 것이다.

---

42. Abraham Kuyper, *Lectures on Calvinism*, 69. 『칼빈주의 강연』 아브라함 카이퍼, CH북스

경건이 우리의 목표다

만일 우리가 완전히 '칼빈주의화' 되었다고 하면서도 경건의 능력이 자라고 있지 않다면, 우리는 마음과 머리를 연결하는 배선 작업이 제대로 됐는지 점검하고 주파수를 재설정할 필요가 있다. 바울은 교리를 가르치면서도 경건한 삶의 진보가 없는 자들에 대해 책망하고 있다:

> 누구든지 다른 교훈을 하며 바른 말 곧 우리 주 예수 그리스도의 말씀과 '경건에 관한 교훈'을 따르지 아니하면 그는 교만하여 아무것도 알지 못하고 변론과 언쟁을 좋아하는 자니 이로써 투기와 분쟁과 비방과 악한 생각이 나며(딤전 6:3-4).

바르게 심긴 튤립 교리는 반드시 경건의 삶을 꽃 피우게 될 것이다. 논쟁을 벌이고 싶은 과도하고 치우친 열정에 사로잡히면, 오히려 우리가 변론하고자 애쓰는 은혜의 교리를 제대로 이해하지 못하게 된다. 물론 은혜의 교리를 설명할 수 있고 충분히 변론할 시간을 얻을 순 있겠지만, 무엇보다 우리는 그 은혜와 긍휼과 사랑으로 물들어 있어야 한다. 온유한 자가 땅을 기업으로 얻을 것이다. 그러니 설령 우리의 요지를 제대로 입증하거나 관철시키지 못한다 해도 마음쓰지 말라. 그래도 괜찮다.

존 뉴턴은 우리 칼빈주의자에게 중요한 사실을 상기시킨다. "논쟁에 참여하는 모든 사람 가운데, 칼빈주의자로 불리는 우리야말로 '겸손하고 친절하라'는 칼빈주의 원리에 의해 가장 명백하게 종속되어 있는 자들이다."[43] 은혜의 교리는 실제로도 심오한 은혜로 드러나야 한다는 사실을 뉴턴은 잘 알고 있다.

마음 깊이 깨닫는 전적 타락의 교리는 우리가 나 자신의 죄로 인해 겸손해야 하며, 성령의 능력에 의지해야 하고, 다른 모든 죄인들과 그들의 고충에 대해 긍휼히 여겨야 한다는 사실을 의미한다. 친절은 우리 자신의 히스토리를 아는 것에서 흘러나온다.

마음으로 깨우치는 무조건적 선택의 교리는 하나님의 장엄한 은혜의 세계로 우리를 인도한다. 하나님이 우리의 형편이나 우리가 행한 것에 근거를 두지 않으시고 우리를 구원하기로 선택하셨다는 사실이 우리를 겸손하게 만든다. 우리가 누군가를 사랑하고 섬길 때, 상대방이 그럴 만한 가치가 있어서, 또는 뭔가를 갚아줄 수 있을 것 같아서 그렇게 사랑하고 섬기는가? 이제는 우리도 달라져야 한다.

한정 속죄의 교리가 머리에서 마음으로 이해될 때, 그것은

---

43. John Newton and Richard Cecil, *The Works of John Newton*, Vol. 1, 270.

우리에게 교회(지역교회와 우주적 교회)를 향한 그리스도의 구체적이고 특정한 사랑을 보여준다. 예수님이 자기 백성을 섬기기 위해 어떻게 자신을 겸손히 낮추셨는지를 보여준다. 또한 그것은 우리에게 교회 청소년 사역, 새로 편성 또는 해체되는 모임, 또는 도움이 필요한 한부모 가정과 노인들을 겸손히 섬길 수 있도록 사랑의 능력을 덧입혀준다.

거부할 수 없는 은혜의 교리가 굳게 닫힌 우리의 마음을 관통할 때, 우리는 나를 그리스도께로 이끌기 위해 부단히 일하시는 성령의 능력 앞에 겸손해질 수밖에 없으며, 세계 전역에 흩어진 죄인들을 구원하시는 삼위 하나님의 선교에 기꺼이 동참하는 영예를 누리게 된다. 하나님은 어째서 당신과 나 같은 사람을 그분의 사역으로 초대하시는가? 하나님은 자비로우시고 은혜로우시며 신실한 사랑으로 충만하신 분이기 때문이다.

우리의 심장이 성도의 견인 교리와 하나의 박동으로 이어질 때, 우리는 하나님이 모든 환난과 넘어짐에서 우리를 지켜주실 것을 알고, 구원의 확신과 더불어 겸손을 품게 된다. 우리는 하나님의 도움 없이 단 하루도 승리할 수 없기 때문이다. 또한 우리는 다른 형제자매도 믿음 안에서 계속 나아가도록 겸손히 돕게 될 것이다.

겸손한 칼빈주의가 진정한 칼빈주의다. 겸손한 칼빈주의는 정통orthodoxy과 정행orthopraxy 둘 다에 관한 것이다. 즉, 바른 교리

뿐 아니라 바른 자세와 열정을 포함한 바른 실천을 모두 겸비하는 것이다. 당신도 이것을 추구하는가? 그러면 당신의 사고에, 당신의 삶에, 당신의 언행에 어떤 변화가 필요한가? 혹시 어떤 관계에서 회복이 필요한가? 용서를 구해야 할 대상이 있는가? 오늘, 지금부터 시작하라.

칼빈주의는 교리의 깊은 바닥에서 채굴해 낸 석탄 더미와 같다. 그것은 우리의 마음에 불을 지펴 궤도를 따라 경건의 길로 내려가도록 이끈다. 참된 칼빈주의는 우리의 온 마음과 뜻과 정성을 다해 주 우리 하나님을 사랑하게 하고, 우리 이웃을 내 몸과 같이 사랑하게 한다. 만일 당신의 칼빈주의가 이런 모습이 아니라면, 그 석탄을 한번 점검해 보라. 어쩌면 쓸모없는 것일 수 있다.

영원한 해피엔딩

불평불만으로 늘 투덜거리는 그리스도인처럼 한심한 모습은 없다. 그것은 신성모독의 경계선상에 있다고 봐야 할 것이다. "잘못을 용서받고 하나님이 자신의 죄를 덮어주신 사람은 얼마나 기쁘겠는가"(참조, 시 32:1). 은혜의 교리로 마음이 넓어진 그리스도인은 더이상 까칠하고 냉소적인 태도에 머물러선 안 된다. 우리는 누가 겪더라도 지금까지 만난 사람 중에서 가장 크게 미소 짓고, 가장 따뜻하게 환영하며, 가장 즐거운 웃음을 퍼뜨리는 사람이 되어야 한다. "주께서 택하시고 가까이 오게 하사 주의 뜰에 거하게 하신 사람은 얼마나 행복하겠는가"(참조, 시 65:4). 은혜와 기쁨은 언제나 함께 간다. 그 기쁨을 퍼뜨려라. 기독교 작가 토니 레인케는 이렇게 말한다:

> 하나님께서 예수 그리스도의 아름다움으로 우리의 삶에 침투해 오실 때, 우리는 참되고 견고하고 영원한 기쁨을 발견한다. 하지만 물론, 당신과 나는 우리가 기쁨을 발견했다고 하는 것보다 더 나은 표현을 이미 알고 있다. '기쁨이 우리를 발견했다'가 오히려 맞을 것이다. 때로는 천천히 때로는 신속하게. 그것이 바로 튤립의 이야기다. 칼빈주의는 당신이 그 다가오는 것을 알아채기도 전에 당신을 발견한, 오랫동안 계획된 어느 주권자의 기쁨에 관한 이야기다.[44]

칼빈주의는 점진적으로 펼쳐지는 영원한 기쁨의 교리에 관한 드라마다. 또한 그 후로 계속 행복하게 잘 살았다는 영원한 해피엔딩에 관한 스토리라 할 수 있다.

---

44. Tony Reinke, *The Joy Project: An Introduction to Calvinism*, 124.

바울은 우리에게 이같이 권한다: "주 안에서 항상 기뻐하라 내가 다시 말하노니 기뻐하라"(빌 4:4). 거룩한 행복은 칼빈주의가 자신 있게 내놓는 주요 품목이다. 튤립 교리의 각 요지는 우리가 주 안에서 기뻐할 수밖에 없는 이유를 깨닫게 한다. 하나님은 만물의 기초가 조성되기도 전에 나 같은 죄인을 사랑하셨다. 하나님을 찬양하라! 우리를 향한 하나님의 사랑보다 더 큰 사랑은 없다. 아버지는 자신의 사랑하는 독생자를 우리에게 보내셨고, 아들은 우리를 위해 십자가에서 자기 목숨을 버리셨다. 그리스도의 그 무한한 은혜와 사랑에 우리가 어찌 감사하며 기뻐하지 않을 수 있을까? 우리가 호수 밑바닥에 가라앉은 죽은 물고기 같았을 때, 하나님이 우리를 낚아 올리시고 우리를 다시 살리셨다. (설마 아직도 웃지 않는가?) 하나님은 자신의 양들 가운데 단 한 마리도 잃지 않으시고자, 친히 그 모든 일을 권능의 손으로 다 감당하셨다. 우리는 그리스도 안에서 영원한 구원을 확보했다.

이제 당신은 겸손한 칼빈주의자로, 또는 여전히 겸손해지고 있는 상태의 칼빈주의자로, 또는 절대로 칼빈주의자가 되길 거부하는 그리스도인으로, 또는 튤립 교리에 대해 조금 더 생각해 봐야겠다고 생각하는 그리스도인으로 이 책을 마무리하고 있는지 모르겠다. 아무 상관없다. 우리는 칼빈의 이 말 한마디만큼은 모두 동의할 수 있다: "그리스도 밖에서 우리가 알아야 할 가치 있는 것이라곤 아무것도 없다."[45] 주 안에서 항상 기뻐하라. 교리보다 더 중요한 것은 예수님이다. 교리 때문에 결국은 예수님이다. 항상 예수님이다. 우리의 지식, 삶, 기쁨, 그 모든 것의 중심과 근저에는 예수 그리스도가 계신다.

하나님의 주권적 은혜와 우리를 붙드시는 그 은혜 안에서 거룩하고 행복하게 살라. 긍휼이 많으시고, 노하기를 더디 하시며, 신실한 사랑으로 충만하신 우리 하나님에 관하여 전파하라. 끝으로, 자신이 칼빈주의자로 불리는 것을 기뻐 마다하지 않는 우리는 이제부터 겸손하고 행복한 칼빈주의자의 모습을 보여줄 수 있도록 하자.

---

45. John Calvin, *Institutes of the Christian Religion* ed. John T. McNeill, trans. Ford Lewis Battles, Vol. 1, 496. 『기독교강요』 장 칼뱅, 부흥과개혁사

맺는 말 : 찰스 스펄전

 형제들이여, 칼빈주의 교리의 다섯 요지를 굳게 붙들라. 허나, 그것들을 나불거리는 허황된 의제들로 삼지는 말라. 우리가 하나님에게서 받은 진리를 어떤 이들처럼, 그것을 갖고 싸우기 위해, 논쟁하고 다투기 위해, 하나님의 교회를 분열시키기 위해, 가장 높으신 이의 백성을 욕하기 위해 배우려고 하지 말라. 오히려 반대로, 그리스도 안에 있는 형제자매로서 서로 사랑하라. 사랑 안에서 그 진리를 붙들고, 성령의 하나 되게 하신 것과 관용으로 하나 됨을 이루라.

 특정 교리에 천착하는 형제나 자매가 있을 수 있다. 그 자체로는 별 문제가 없지만, 때로는 그들이 선택의 교리를 그리스도의 구속의 교리보다 더 중요하게 다루려는 것을 볼 수도 있다. 또는 구속 교리와 관련한 것이라 해도, 하나님의 희생에 의한 구속보다 그 구속의 특이성에 집중하는 경우를 볼 수도 있다. 나는 하나님의 차별적인 은혜에 대해 설교하는 것을 즐거워한다. 그러나 칼빈주의 교리의 네 개 또는 다섯 개 요지가 하나님이 계시하신 모든 진리를 포괄한다는 식의 생각은 전혀 하고 있지 않다. 교리에 대해 설교하되 그 골자와 요약이 그리스도가 되시도록 목표를 삼기 바란다. 로버트 호커 박사가 그 교리에 대해 설교하면서 "쓸모없는 죄인들을 위한 완전한 그리스도"가 드러나시게 했듯 말이다. 그것이 우리의 주제가 되게 하자. 단지 교리만을 드높이는 목회 사역에는 성령의 충만함이 없다고 충분히 말할 수 있다. 성령에 관하여는 이렇게 기록했기 때문이다: "그가 내 영광을 나타내리니"(요 16:14).

그러므로 어떤 신학 체계에 우리 자신을 내맡긴 채 "나는 이 교수 또는 저 박사를 따르네" 하는 식으로 말하지 말라. 존 웨슬리가 아니라 오직 예수 그리스도만이 우리의 '스승'Master이시다. 존 칼빈이 아니라 오직 예수 그리스도가 우리의 참 스승이시다. 단언컨대 그들은 위대하고 훌륭한 인물들이 맞다. 그들은 모든 하나님의 교회에서 사랑 받을 충분한 자격이 있다. 그러나 우리는 그들을 우리의 '선생'Teacher으로 부르지 않는다. 어떤 사람이 그리스도를 따르고 있는 만큼만, 우리도 그 사람을 따를 수 있다. 하지만 그 이상은 한 치도 더 나갈 수 없다. 우리는 반드시 예수님의 발 앞에 앉아야 한다. 겸손하게, 가르침을 받 겠다는 자세로, 어린아이 같은 모습으로.[46]

런던의 메트로폴리탄 타버너클 교회에서

찰스 스펄전 목사

---

46. 첫 번째 단락: "Who Is This?," in *The Metropolitan Tabernacle Pulpit Sermons*, Vol. 60, 95-96.
   두 번째 단락: "The Holy Spirit Glorifying Christ," in *The Metropolitan Tabernacle Pulpit Sermons*, Vol. 8, 460.
   세 번째 단락: "Our Place; At Jesus' Feet," in *The Metropolitan Tabernacle Pulpit Sermons*, Vol. 35, 1-52.

감사의 말

책은 헛간을 짓는 것과 같다. 뒤틀린 줄기를 고치거나 나의 생각을 정리하려 애쓸 때, 나는 편집자 칼 라펠톤에 기대어 그의 편집 근육을 빌리곤 한다. 거친 문장을 다듬기도 하고 과도한 표현들을 쳐내기도 하면서, 라펠톤은 이 책을 나 혼자서는 도저히 할 수 없는 방식으로 빛나고 두드러지게 했다.

에이전트 돈 게이츠에게도 감사를 표한다. 게이츠는 내가 기획한 원고 제안을 받아들이고 지지를 보내주었다. 그리고 '겸손한 칼빈주의'가 세간에 빛을 볼 수 있도록 적합한 출판사를 찾아주었다. 이 헛간을 튼튼하게 세워준 '굿 북 컴퍼니'의 모든 분에게 감사하다.

레이 오틀런드, 그에게는 머리말을 써준 수고 외에도 감사할 것이 많다. 레이의 목회, 친절, 예수님 중심의 삶 등 그를 통해 하나님이 나의 인생과 설교와 애정에 많은 도전과 변화를 안겨 주셨다.

나의 사랑하는 꼬맹이들, 아이비와 올리버, 모두 고맙다. 아빠 책을 위한 너희들의 잠자리 기도가 하늘 아버지의 응답을 받았구나. 나의 사랑하는 아내, 나탈리, 레이크 찰스의 보석. 내가 글을 쓰도록, 늘 쓸 준비하도록, 그리고 계속 추진하도록 항상 격려해 줘서 고마워. 이 헛간이 마침내 완성될 것을 믿어줘서 고맙고. 이제 우리가 춤출 시간이야.

참고문헌

Michael F. Bird, *Evangelical Theology: A Biblical and Systematic Introduction* (Zondervan, 2013)

John Calvin, *Institutes of the Christian Religion* ed. John T. McNeill, trans. Ford Lewis Battles, Vol. 1 (Westminster John Knox Press, 2011). 『기독교강요』, 장 칼뱅, 부흥과개혁사

John Calvin, *Sermon on Ephesians* (Banner of Truth, 1974). 『칼뱅의 에베소서 설교』 장 칼뱅, CLC

John Calvin and James Anderson, *Commentary on the Book of Psalms*, Vol. 3 (Logos Bible Software, 2010)

John Calvin and William Pringle, *Commentary on the Book of the Prophet Isaiah*, Vol. 2 (Logos Bible Software, 2010)

John Calvin and William Pringle, *Commentaries on the Epistles of Paul to the Galatians and Ephesians* (Logos Bible Software, 2010)

John Calvin and William Pringle, *Commentaries on the Epistles to Timothy, Titus, and Philemon* (Logos Bible Software, 2010)

John Flavel, *The Complete Works of John Flavel*, Vol. 1 (Banner of Truth, 1968)

Ed. Jonathan and David Gibson, *From Heaven He Came and Sought Her: Definite Atonement in Historical, Biblical, Theological, and Pastoral Perspective* (Crossway, 2013)

Collin Hansen, *Young, Restless, and Reformed: A Journalist's Journey With the New Calvinists* (Crossway, 2008). 『현대 미국 개혁주의 부활』 콜린 한센, 부흥과개혁사

Joseph Haroutunian and Louise Pettibone Smith, *Calvin: Commentaries* (Westminster Press, 1958)

Marcus Peter Johnson, *One with Christ: An Evangelical Theology of Salvation* (Crossway, 2013)

Abraham Kuyper, *Lectures on Calvinism* (Eerdmans, 1931). 『칼빈주의 강연』 아브라함 카이퍼, CH북스

Martin Luther, *Commentary on Galatians* (Logos Research Systems, Inc., 1997) 『마르틴 루터, 갈라디아서』, 마르틴 루터, 복있는사람

Andrew Murray, *Humility* (B&H Books, 2017) 『겸손』, 앤드류 머레이, 좋은씨앗

John Murray, *Redemption Accomplished and Applied* (Eerdmans, 1955). 『존 머레이의 구속』 존 머레이, 복있는 사람

John Newton and Richard Cecil, *The Works of John Newton* (Hamilton, Adams & Co., 1824)

J. I. Packer, *Evangelism and the Sovereignty of God* (IVP, 2012). 『복음전도란 무엇인가』 제임스 패커, 생명의 말씀사

John Piper, *God is the Gospel: Meditations on God's Love as the Gift of Himself* (Crossway, 2005). 『하나님이 복음이다』 존 파이퍼, IVP

John Piper, *Five Points: Towards a Deeper Experience of God's Grace* (Christian Focus, 2013).

Michael Reeves, *Rejoicing in Christ* (IVP Academic, 2015). 『그리스도, 우리의 생명』 마이클 리브스, 복있는 사람

Tony Reinke, *The Joy Project: An Introduction to Calvinism* (Desiring God/Cruciform Press, 2018)

Fleming Rutledge, *The Crucifixion: Understanding the Death of Jesus Christ* (Eerdmans, 2015)

Philip Schaff and David Schley Schaff, *History of the Christian Church*, Vol. 4 (Charles Scribner's Sons, 1910)

R. C. Sproul, *What is Reformed Theology? Understanding the Basics* (Baker, 2013)

C. H. Spurgeon, *The Metropolitan Tabernacle Pulpit Sermons* (Passmore & Alabaster, various)

C. H. Spurgeon, *The Sword and Trowel* (Passmore & Alabaster, 1874)

Jared C. Wilson, *Gospel Wakefulness* (Crossway, 2011)

옮긴이 **김태형**

호주에서 신학부를 마치고 총신대학교신학대학원과 성균관대학교번역대학원을 졸업했다. 출판사와 공공기관에서 근무했고 교회에서 청소년들을 가르쳤다. 최근 번역한 책으로는 『신학 교육의 역사』, 『하나님 나라와 언약적 관점으로 보는 성경신학』, 『제자훈련』, 『개혁주의 스터디 바이블』(공역), ESV성경공부 시리즈 『창세기』, 『시편』, 『잠언』, 『전도서』, 『이사야』, 『요한복음』, 『로마서』(이상 부흥과개혁사) 등이 있다.